S E E

Hallig Hooge

L a n g e o o g

Ostende

Vogelwärterhaus

Meierei

Wangerooge

W E L T N A T U R E R B E
W A T T E N M E E R

Palawan

0   500   1000   1500 m

mare

In memoriam Jutta geb. Schrödter
und Walter Venske

In Liebe und Dankbarkeit

Inhalt

Vorspiel auf Palawan

Was will ich nur auf Palawan? Welcher Teufel hat mich geritten, mit den Kolleginnen auf eine Insel zu fahren, deren Namen ich bis vor Kurzem noch nicht einmal kannte? Es hätte doch gereicht, mich spontan über Lucinas Frage, ob ich wieder mit von der Partie wäre, zu freuen und dann abzuwinken. Später lustige Fotos von ihr und den Mitstreiterinnen auf Facebook zu liken und beim Treffen auf dem internationalen PEN-Kongress in Manila von ihren Abenteuern zu hören.

Im vorigen Jahr war das etwas anderes, als wir, vier Frauen aus aller Welt, uns ein paar Tage vor dem internationalen PEN-Kongress, der in Pune stattfinden sollte, zu gemeinsamen Ausflügen in Mumbai verabredet hatten. Streifzüge durch die Stadt, eine Bötchentour nach Elephanta Island, das Prince of Wales Museum mit dem jetzt unaussprechlichen indischen Namen und abends ein paar gepflegte Bombay Blazer mit Blick auf das Gate of India an der Bar des legendären Taj Mahal Hotels – das war ganz nach meinem Geschmack, die ich Städte liebe. Aber jetzt liege ich hier in einer Hängematte zwischen zwei Palmen, am angeblich schönsten Strand auf der angeblich schönsten Insel der Welt, und sehne mich nach kühlem Nordseewetter und meiner Insel daheim.

Wenn ich ans Meer fahre, will ich nicht mit den Mädels am Strand sitzen und an einem klebrig-süßen, blauen Getränk nippen, mit einem ebenfalls klebrigen, bunten Papierschirmchen im Haar. Weder möchte ich nach versunkenen Wracks aus dem Zweiten Weltkrieg tauchen – nun, ich will nicht polemisch werden, diese Unternehmung steht zum Glück nicht auf unserem Programm –, noch will ich mich an einer künstlichen Liane, pardon: *Zipline*, von einer Seite der Bucht zur anderen schwingen. Leider haben wir genau das heute Nachmittag vor. »Genießen Sie 800 m Adrenalin, während Sie über das unberührte blaue Wasser fliegen!« Danke bestens, ich fahre doch auch nicht zum Seilrutschen in den Harz oder nach Schleswig-Holstein. Solchen Vergnügungen kann ich nichts abgewinnen. Und ich möchte auch nicht eine Bootstour auf einem unterirdischen Fluss durch eine unterirdische Höhlenlandschaft mitmachen, und sollte sie dreimal zum Weltnaturerbe der Menschheit zählen. Meer, das bedeutet ein Gefühl von Weite und Freiheit für mich, unabdingbar gehört der Himmel dazu. Da will ich mich nicht, noch dazu in einer Touristengruppe, in einer klaustrophobischen Situation wiederfinden, sondern allein sein und eins mit dem Universum. Oder mit jemandem schweigen. Das kann ich den Kolleginnen jetzt aber nicht sagen, will ich nicht grob unhöflich sein. Und schließlich freuen wir uns ja auch, uns wiederzusehen.

Seit dem Morgen dudelt mir der Refrain eines Liedes im Kopf herum, das die Flinthörners singen, der legendäre Langeooger Shanty-Chor. »Wat wüllt wi in Amerika, wi fohrn na Bensersiel.« Natürlich singen die Jungs das erst nach der letzten Strophe, nachdem sie zuvor im *Eisernen Mann*, so der Titel des Songs, drei Fass Rum geleert haben. Anfangs lautet der Refrain noch »Wer will mit uns auf See, auf See? Wir fahren nach Amerika, das Schiff liegt schon am Kai.«

Ich werde mich beherrschen müssen, es nicht am späteren Abend noch vorzusingen, wenn wir den geplanten *Zipline*-Ausflug (hoffentlich) glücklich überstanden haben und weitere klebrige Getränke genießen.

Habe ich mich jemals in meinem Leben an einen Südseestrand geträumt?

Nein. Ich bin die Frau, die in einer Hängematte am Südseestrand von der frischen Brise an der Nordsee träumt. An vielen Stränden hat mir der Wind den Kopf leer gepustet und das Meer abgelebte Gefühle mit sich genommen und mich auf neue Gedanken gebracht. Wenn ich mich aber zurückerinnere an die Küsten und Kais von Akureyri, Henne Strand, Sint Maartenszee, Land's End oder Gijon bis, den Globus runter, zur ehemaligen »Goldküste« in Ghana: Immer war es der Atlantische Ozean, der die seelische Verbundenheit bewirkt hat. Das Mittelmeer ist zu blau, zu türkis, zu heiter. Gut und sanft war es mal, die Wiege unserer Kultur und, um es mit Thomas Mann zu sagen, unserer »Gesittung«, und man musste, als man jung war, dorthin reisen und Kulturgeschichte rauf und runter studieren. Wenn man Glück hatte, begegnete man dem *Métèque* aus Georges Moustakis Chanson (»Avec ma gueule de métèque, de juif errant de pâtre grec et mes cheveux aux quatre vents …«). Immerhin wäre das vielleicht ein Lied, das wir heute Abend gemeinsam singen könnten, weil auch die Kolleginnen es kennen.

Welch herrliche Abende und Nächte, natürlich auch Tage, habe ich an Mittelmeerstränden verbracht. Aber nie habe ich mich dorthin oder etwa an den Pazifik zurückgesehnt. In Santa Monica holte ich mir nur einen Sonnenbrand und musste eine Woche lang in der Krankenstation meines amerikanischen Mädcheninternats in kalter *Quaker Oats*-Haferflockenpampe baden. *Coppertone people don't get burnt*, wie zu meinem Hohn drehte der kleine Flieger mit dem Reklamebanner seine Runden über dem Strand.

Das vollkommene irdische Glück, so hätte ich in den Proust'schen Fragebogen geschrieben, ist ein Bad in der Nordsee an einem windigen Tag. Einmal dachte ich, ich könnte es auch am Mittelmeer erleben, das war an einem kühlen Tag Anfang März auf der Kassandra-Halbinsel vor Thessaloniki, als die Reisegefährten und ich, abgehärtet durch Nordseewellen, ein erfrischendes Bad im Meer genießen wollten. In Windeseile hatte sich die Kunde im nahe gelegenen Dorf verbreitet. Die Einwohner liefen am Strand zusammen und sahen uns kopfschüttelnd zu, während wir an den Strand zurückschwammen. Die Männer lächelten immerhin, als ich tropfnass aus dem Wasser stieg, aber von den schwarz gewandeten Frauen wurde ich mit strengen Blicken bedacht. Bei aller Liebe zum Meer: Nie wäre ich in dem Moment auf die Idee gekommen, mich zu Hause zu fühlen. Und nun, da das Mittelmeer zum Massengrab geworden ist und es mit der Gesittung der Europäer nicht mehr weit her zu sein scheint, könnte ich gar nicht mehr unbefangen darin baden. Es ist zu türkis und zu grausam.

Und so denke ich an diesem quälend wolkenlosen Tag auf Palawan an Langeoog und widme mein Buch allen, die sich mit mir in Gedanken auf den Weg nach Bensersiel machen – »Langeoog hat einen Kai, Bensersiel hat sogar zwei, und aus diesem schoinen Hafen fährt die Langeoog-Reederei«, singen die Flinthörners – und von dort übers Watt gespuckt hinüber auf dieses Fleckchen Erde, jene »wunderschoine Insel mit dem weißen Wasserturm« begeben.

Ahoi, und *Besanschot an*!

SOMMERFRISCHE

Nun wollen wir uns mal befassen

Lange-oog, Lange-he-oog, ein Wort, das niemals uns betrog ...«

Dieser simple Ohrwurm, im Kanon zu singen, zählt zu den ersten Liedern, die ich je lernte, beim Dünensingen am Langeooger Strand. Vom Dünensingen wird noch zu erzählen sein. Und mit diesen Zeilen, *Langeoog, Langeoog ...,* eröffnete ich einen der ersten Texte, die ich je zu Papier brachte und als Achtjährige in mein Tagebuch schrieb, ein Büchlein im Format der damals beliebten Poesiealben, das in späteren Jahren leider einem pubertären Autodafé zum Opfer fallen sollte. Den bunt gemusterten, abwischbaren Einband, meine kindliche Handschrift habe ich auch nach all den Jahren noch deutlich vor Augen. Der Text enthielt allerlei geografische Informationen, die ich mir aus einem Lexikon und diversen Broschüren zusammengeklaubt hatte – Lage über NN, Länge des Sandstrandes, Breite der Insel, Höhe des Wasserturms, Möwenkolonie und Meierei, Ebbe und Flut, Pirolatal und Melkhörndüne, damals mit 21,3 m über NN noch die höchste Erhebung Ostfrieslands, inzwischen auf nur mehr knapp 20 m über NN geschrumpft. Ich endete mit dem Resümee, »Langeoog ist eine wunderschöne Insel und ich wäre froh, wenn ich jetzt dort sein könnte.«

Eigentlich habe ich mit acht Jahren alles Wichtige gesagt. Wie ja das Kind überhaupt vieles klarer versteht und zu benennen weiß als die Erwachsene in späteren Jahren. So vieles, was die Heranwachsende vergaß, muss die erwachsene Frau erst wieder mühselig lernen.

So sind mir aus der frühen Zeit einige Sätze überliefert, die mein Vater in ein Tagebuch notierte, das glücklicherweise keiner Vernichtung zum Opfer fiel. Demnach fasste ich als Vierjährige meine Erkenntnis über Autorität hellsichtig zusammen: »Vati, der liebe Gott und die Polizei, die haben zu bestimmen.« Noch Fragen? Ja, ich hatte eine. »Freust du dich eigentlich, Vati, dass du es in deinem Männergarten so gut hast?«

Jahre später, als ich bei einem Empfang nach einem Kongress wichtige Männer in dunklen Anzügen, in wichtige Gespräche oder wichtige Gedanken vertieft, Häppchen kauend, rauchend oder sich an Gläsern festhaltend an ihren Stehtischen sah, dachte ich: Ach, so also geht es zu im Männergarten. Ich konnte zwar so tun, als ob. Aber ich wusste, dass ich nicht wirklich dazugehörte. Das vierjährige Mädchen, das ich einmal war, hatte schon alles begriffen.

Im Sommer, als ich gerade drei Jahre alt geworden war, 1958, reiste meine Familie zum ersten Mal nach Langeoog. In den folgenden Jahren sollte es unser allsommerliches Ferienziel werden. *Sommerfrische*, so sagte man damals noch, und alles lief nach festem Plan und festen Regeln ab, über die man sich heute wundern mag. Aber in Anbetracht der manchmal chaotischen Reisegestaltung in meiner eigenen späteren Familie – ein Mann, der vergisst, überhaupt Urlaub zu beantragen, sodass eine hektische Mutter mit den Kindern allein vorausfahren muss; nächtliches Herumirren auf der Berliner Stadtautobahn, weil man die richtige Ausfahrt verpasste und der Mann sich weigert, anzuhalten und nach dem Weg zu fragen oder wenigstens auf die Karte zu sehen; ein gerissener Keilriemen in den Kasseler Bergen und Rutschpartien in den österreichischen Alpen mit Sommerreifen im Schnee, um die schlimmsten Vorkommnisse dezent zu verschweigen –, kurzum, in Anbetracht mancher idiotischen Unternehmung, an der ich selbst beteiligt war, hege ich durchaus auch Bewunderung für die damals herrschende Ordnung. Tage vor der Reise wurde der große Kabinenkoffer vom Dachboden geholt und die Kleidung, die mitgenommen werden sollte, durfte nicht mehr schmutzig gemacht werden. In der Erinnerung meiner älteren Schwester begann die Schonzeit für die mitzunehmende Kleidung bereits zwei Wochen vor Reisebeginn. Ein Gleiches galt in der letzten Ferienwoche, wenn meine mit den Jahren zunehmend umständlicher werdende und leicht ängstliche Mutter bereits eine Woche vor der Abreise schon wieder den Koffer packte. In späteren Jahren sollte sie wiederkehrend von einer Familie schwärmen, deren Töchter während der gesamten Langeooger Zeit tagein, tagaus denselben Trainingsanzug getragen hatten. So etwas Praktisches! Allerdings ging die Bewunderung nicht so weit, dem guten Beispiel zu folgen. Man musste schließlich für alle Eventualitäten gerüstet sein – und das bedeutete auch, die mitgebrachten Sachen tunlichst zu schonen und aufzusparen für den Fall, dass man sie vielleicht später noch bräuchte. (Dieser Lebenshaltung verdanke ich einen Stapel noch völlig unbenutzter, leicht angegrauter Geschirrtücher aus Leinen mit dem eingestickten Monogramm meiner Großmutter im Schrank. Offenbar stammen sie noch aus deren Aussteuer, und weder sie noch meine Mutter haben sich jemals daran vergriffen. Ob ich sie zu Lebzeiten einmal in Gebrauch nehmen werde?)

Rechtzeitig vor Reisebeginn wurde der Koffer vom Gepäckdienst abgeholt, damit er bei Ankunft auf der Insel schon auf uns wartete. Es warteten auch die Strandutensilien: Spaten, Schippchen und Förmchen, die Gießkanne und das Holzbrett mit Griff, mit dem der letzte Schliff an die Sandburg gelegt und der Sand festgeklopft werden konnte, nicht zu vergessen die Lampions für den Laternenumzug, der den alljährlichen Höhepunkt der Sommerferien und des abendlichen Dünensingens bildete. Bald nach unserer Ankunft stiegen wir auf den Dachboden der Pension Stiekel hoch, um diese Schätze aus dem Verschlag, der mit unserem Namen beschriftet war, wieder in Besitz zu nehmen. Die Wiedersehensfreude wie auch der typische Geruch der Holzverschläge unterm Dach sind mit der Erinnerung sofort wieder präsent. Das stattliche alte Haus im Rudolf-Eucken-Weg, um 1890–1891 erbaut, gibt es noch, es heißt jetzt Böttcher Huus und beherbergt statt einer Frühstückspension nun Ferienwohnungen. Ein traditionelles Friesenhaus mit Veranda und Windfang, das Treppchen an der Eingangstür, auch die Fensterrahmen erinnern an früher. Dort, auf dem Fenstersims im Parterre, breitete der Sohn einer anderen Familie seine Strandfänge aus, Krebse und Seesterne, vielleicht auch Seepferdchen? Nach einigen Tagen zog ein übler Verwesungsgeruch hoch in die darüber liegenden Zimmer, und der Junge musste seine Schätze anderswo aufbewahren.

Wo einst das Bauern- und Kräutergärtchen der Schwestern Stiekel war, ist jetzt alles zubetoniert und bebaut. Auch das Häuschen im hinteren Garten, das die beiden Fräulein Stiekel während des Sommers bewohnten, musste weiteren Ferienunterkünften weichen. Ich weiß, es waren zwei, in meiner Erinnerung aber verschmelzen sie zu einer Person, dem archetypischen, zeitlosen, wiewohl ältlichen *Fräulein Stiekel*. Vage Erinnerungen habe ich daran, dass ich ihnen eigenmächtige Besuche in ihrer kleinen Küche abstattete. Einmal brieten sie gerade Fisch und ich durfte mit ihnen essen und bekam auch ein Stück Kabeljau oder Rotbarschfilet, das mir sehr gut mundete, obwohl ich doch sonst so mäkelig beim Essen war. Einmal ließ ich mich, so wurde berichtet, an ihrem Küchentisch nieder, griff nach der Zeitung und sagte: »Nun wollen wir uns mal befassen.« Ebenfalls eine vage Erinnerung daran, dass die Fräulein lachten, eine deutlichere Erinnerung, dass dieser Ausspruch in meiner Familie zu einer Art geflügeltem Wort avancierte, was mich zunehmend verdross. Was war so komisch daran? Zugegeben, das Kind, das ich war, konnte noch nicht lesen. Aber befassen konnte es sich schon.

War man angekommen, waren die Strandschätze vom Dachboden geholt, ging es freilich noch lange nicht an den Strand. Es gab die heilige Regel, dass man sich erst an das Reizklima gewöhnen müsste, was mindestens einen Tag Zurückhaltung auferlegte. Am Tag der Anreise, oft auch noch am Tag danach, herrschte strengstes Badeverbot, allenfalls begab man sich auf einen kleinen Rundgang Richtung Dünen, am Wasserturm vorbei – den man von Jahr zu Jahr inniger als alten Bekannten, wenn nicht gar treuen Freund begrüßte. Symbol der Stetigkeit und der Wiederkehr. Von oben aus den Dünen herab sah man schon einmal das Meer, die Erwachsenen studierten die Tafeln mit den Angaben zu Badezeiten, Luftdruck und Wassertemperatur. 16°C schienen üblich zu sein. Aber nie wäre es uns eingefallen, gleich am ersten Ferientag ins Wasser zu hüpfen. Das galt als höchst ungesund, wenn nicht gar todbringend. Auch wäre niemandem eingefallen, außerhalb der Badezeiten in der Nordsee zu baden – und dabei bin ich geblieben und wundere mich immer wieder darüber, wie viele Urlauber heutzutage bei Ebbe ins Wasser gehen, darunter anscheinend durchaus vernünftige Leute, sogar Kinderärzte und Therapeuten bei ihren alljährlich auf Langeoog stattfindenden Fortbildungswochen.

Oft entfiel das Baden aber auch noch an den darauffolgenden Tagen. Das war der sogenannten Inselkrankheit geschuldet. Was mag diesen Durchfall, unter dem so mancher Pensionsgast in den ersten Tagen nach der Ankunft litt, wohl verursacht haben? War die Unpässlichkeit, neben dem ominösen Reizklima, der anderen Wasserqualität – kam es vielleicht noch aus einem hauseigenen Brunnen? – geschuldet? Oder der frischen Milch aus der Inselmeierei? Wie dem auch immer sei, man ertrug die Inselkrankheit als notwendiges Schicksal, Kohletabletten wurden verabreicht, da musste man durch. Die Gemeinschaftstoiletten auf dem Gang teilte man sich mit anderen Familien, auch den typischen Geruch nach Desinfektionsmitteln – Kalk? – habe ich noch in der Nase. Vor einiger Zeit vermeinte ich, noch einer winzigen Spur davon auf den Toiletten der Inselmeierei am Ostende Langeoogs zu begegnen. Manchmal vergaß ein an der Inselkrankheit leidender Feriengast, in der Eile des Geschäfts die Tür abzuschließen, das sorgte für heiteren Gesprächsstoff in der Familie noch lang über die Reise hinaus.

Wie langweilig im Grunde das alles. Wie wunderbar. Eine kleine Geborgenheit. Alles war genau so, wie es sein musste.

Betretung verboten!

Alles war genau, wie es sein musste? Ach nein, es ging ja doch einiges schief. Gleich die erste Anreise bescherte ein Abenteuer. Wir reisten – mit dem Reiseunternehmen Hummel, später Hummel-Scharnow – mit der Bahn von Münster in Westfalen an, was mehrmaliges Umsteigen erforderte, bis man endlich in Bensersiel aufs Schiff steigen konnte. Bis Esens brachte einen die Bundesbahn, dann ging es – bis 1968 – mit der schmalspurigen Kleinbahn *Jan Klein* über Esens West bis Bensersiel Hafen. Aufs Schiff und vom Schiff herunter gelangte man damals noch über einen schmalen und recht wackeligen Holzplankensteg. Einmal hätte mich dünnes Kind beim Verlassen der Fähre eine hinter mir drängelnde dicke Frau beinahe ins Wasser geschubst, wenn nicht ein Crewmitglied mich geistesgegenwärtig festgehalten hätte. Zu guter Letzt bestieg man am Langeooger Hafen das Inselbähnchen, das die Gäste mit seinen bunten Waggons noch immer vom Anleger ins Inseldorf bringt. Da die Inselbahnen auf anderen Inseln inzwischen abgeschafft wurden, hat Langeoog Waggons und Lok von Spiekeroog und Juist eingekauft. Die wichtigste Entscheidung zu Urlaubsbeginn lautet daher nach wie vor: Nehmen wir den gelben Wagen, den grünen oder den blauen? Die Kinder entschieden sich meist für Orange, und dabei bin ich geblieben.

Doch auf unserer ersten Fahrt war es noch nicht so weit.

Noch fuhr der Zug von Münster durch die schöne Landschaft Richtung Emden oder vielleicht auch schon von Emden Richtung Norden. Und irgendwann musste die kleine Regi aufs Klo. Meine Mutter ging mit mir in den Nachbarwaggon hinüber, weil dort die 1. Klasse war und die Toilette entsprechend größer und gepflegter. Bewaffnet war sie mit dem »Kulturbeutel« sowie einem Waschlappen, um mir Gesicht und Hände zu waschen, denn ich hatte Schokolade gegessen und nicht nur an einem der beliebten Bahlsen-Kekse geknabbert, von denen auf den Fahrten zu meiner Großmutter nach Hannover in der Regel ein Keks von Münster bis Osnabrück, alternativ von Münster bis Hamm, je nachdem, wo wir umsteigen mussten, und ein zweiter von Osnabrück oder Hamm, je nachdem, bis nach Hannover reichte. Ob wohl der Erfinder des Bahlsen-Kekses dieses Gebäck eigens so konzipiert hat, dass ein Kind sich auf der Bahnfahrt nicht langweilt, sondern damit beschäftigt ist, sämtliche Zäckchen fein säuberlich einzeln abzuknabbern?

Irgendwo, vielleicht in Emden, vielleicht in Norden, hatten wir einen längeren Aufenthalt. Meine Mutter und ich kümmerten uns nicht darum. Ich mich sowieso nicht, aber auch meine Mutter wollte später keine Lautsprecheransagen gehört haben. Es kann sein, dass der Zug ein paar Mal hin und her ruckelte, auch das scherte uns nicht.

Irgendwann waren Gesicht und Hände ausreichend gesäubert und wir wollten den Rückweg in unser Abteil antreten. Und staunten nicht schlecht, als wir aus der Toilettentür traten und der Zug gleich hinter dieser Toilettentür endete. Der andere Zugteil war mittlerweile abgekoppelt worden und fuhr längst Richtung Nordsee weiter, mitsamt meinem Vater und meiner großen Schwester, außerdem einem

»Haushaltslehrling«, wie wir sie in meiner frühen Kindheit hatten, aber ohne uns.

Die Handtasche meiner Mutter samt Ausweis, Fahrkarten, Portemonnaie – falls sie das alles überhaupt in ihrer Handtasche hatte – lag bei meinem Vater im Abteil. Da lag sie gut, schließlich brauchte man auf einer Zugtoilette kein Geld. Allein und verloren auf einem fremden Bahnhof vielleicht aber doch – um zu telefonieren, zum Beispiel. Handys waren noch nicht erfunden.

So standen wir, daran kann ich mich noch sehr gut erinnern, recht verloren buchstäblich auf dem Abstellgleis. »Betreten der Gleisanlagen verboten!« In solchen Situationen war meine Mutter schnell überfordert. Aber Rettung nahte in Gestalt eines freundlichen Eisenbahners in Uniform, der sein Scherflein dazu beitrug, dass mein Urvertrauen in die wundersamen Fähigkeiten der Männer nicht nur keinen Schaden nahm, sondern im Gegenteil weitere Bestätigung fand. Er hob mich auf den Arm und trug mich sicher über die Gleise zum Bahnhofsgebäude hinüber. Die Uniform kratzte ein wenig am Hals, der Geruch nach Tabak und Rasierwasser war mir nicht unangenehm. Vor allem beeindruckte mich allerdings, dass der Mann einfach über die Gleise schritt, obwohl deren Überquerung doch strengstens verboten war. Meine Mutter hastete hinterdrein, den schokoladeverschmierten Waschlappen in der Hand und den Kulturbeutel unterm Arm.

Irgendwie wurde mit dem Zugführer telefoniert, vielleicht auch nur mit dem nächsten Haltebahnhof, auf diese Weise auch der dazugehörige Ehemann und Vater informiert, irgendwie wurden wir wieder zu unserem Zug gebracht, feierten Wiedersehen im Abteil und das Abenteuer fand ein glückliches Ende. Das Kind aber hatte einiges gelernt. Erstens: Auf Bahnfahrten war man grundsätzlich hungrig und außerdem zu warm angezogen. Zweitens: Männer waren kompetenter als Mütter, meine Mutter und die Mütter dieser Welt mögen mir diesen Satz verzeihen. Und drittens tat man gut daran, auf Lautsprecherdurchsagen zu achten.

Vor einiger Zeit erhielt ich Post von Schülerinnen und Schülern einer Klasse 5b, die allerlei von mir wissen wollten. Warum ich Schriftstellerin geworden sei, woher ich meine Ideen bekäme, welches mein Lieblingsbuch sei. Aber dann verblüfften mich die Kinder mit der Frage, was meine frühesten Kindheitserinnerungen seien. Ich zögerte die Antwort ein wenig hinaus, weil ich erst einmal darüber nachdenken musste. Oder war mir die Antwort zu peinlich? Denn neben diesem Bahnabenteuer fiel mir eine weitere frühe Szene ein, die ebenfalls damit zu tun hat, dass ich unterwegs pinkeln musste. Das sollte weder einem kleinen Mädchen noch einer erwachsenen Frau peinlich sein.

In meiner anderen Erinnerung, so schrieb ich den Kindern, bin ich noch sehr klein, also wirklich klein, und gehe mit meinen Eltern spazieren, beziehungsweise sie spazieren mit mir. Und dann muss ich mal. Meine Mutter verschwindet mit mir hinter eine Hecke, ich erinnere mich an eine Wiese, vielleicht war es auch nur ein Rasen mit Blumenbeet. Da kann ich mein Höschen herunterlassen, sodass mich niemand sieht, und soll mich hinter die Hecke oder den Rosenbusch hocken. An die Szenerie erinnere ich mich, nicht aber an die gewechselten Worte. Angeblich habe ich, bevor ich den Erdboden wässerte, meine Mutter gefragt: »Steht hier auch nicht ›Betretung verboten‹?«

Das kleine Mädchen, das in solcher Situation solch eine

Frage stellt, tut mir heute noch leid, und das nicht weniger, nur weil ich selbst es war. Mein Mitleid ändert jedoch nichts daran, dass ich spontan oft immer noch ähnlich empfinde und mich dann bewusst dazu durchringen muss, die verinnerlichten Verbotsschilder zu ignorieren. So fuhr ich viele Jahre später mit einer Studienfreundin übers Wochenende nach Langeoog. Am Abend unternahmen wir eine Strandwanderung und wollten irgendwann die Kirschen essen, die wir mitgebracht hatten. Schon halb illegal ließen wir uns in einem leeren Strandkorb nieder, um den herum ein kleiner Burgwall einen klaren Besitzeranspruch markierte. Nun gut, wenn die rechtmäßigen Burgenbauer kamen, konnten wir uns immer noch freundlich bedanken und gehen. Während ich aber noch, mit mulmigem Gefühl im Bauch, versuchte, mich mit dem Blick aufs Meer und den Sonnenuntergang anzufreunden, fing meine Reisegefährtin schon an, von den mitgebrachten Kirschen zu futtern. Völlig unbekümmert spuckte sie die Kirschkerne sodann in den Sand. In einer fremden Burg! Mir war es äußerst unangenehm, aber leider zeigte sie nicht das geringste Verständnis für meine Gewissensqualen, sondern stupste die Kerne nur nonchalant mit den Zehen unter den Sand und wuschelte mit den Fußsohlen noch ein wenig darüber. Als echte Tochter meiner Mutter wurde ich sofort von allerlei Schreckensvisionen geplagt. Vor meinem inneren Auge sah ich buddelnde Kinder, von denen sich das jüngste einen Kern in den Mund, wahlweise auch in die Nase oder ein Ohr stecken würde, und einen jähzornigen Rentner, der uns erst bei der Inselpolizei anzeigen und überdies bei nächster Gelegenheit mit seinem Spaten erschlagen würde. Was eben die Fantasie so hergibt an einem lauschigen Sommerabend.

Wer meine Texte kennt, hält mich vermutlich für nicht annähernd so brav. Mag sein, dass ich vor allem gegen die Verbote aus Kinderzeiten und gegen meine Schüchternheit und Mädchenbravheit anschreibe. »Betretung verboten?« Egal!

Gerade wenn es verboten ist, so schrieb ich den Kindern der Klasse 5b, bleibe ich gerne da. Weil es aber in der Wirklichkeit mitunter gefährlich zugeht – man denke nur an die Gleisanlagen, die man besser nicht überquert! –, male ich mir die Abenteuer in der Fantasie aus. Da kann alles gut enden – in der Wirklichkeit ist das, wie ja schon Kinder wissen, leider nicht immer der Fall.

Geh weg, du böses Iih!

Allerfrüheste Erinnerung: die Angst vor dem Meer. Das große Unheimliche, Ungreifbare, Dunkle. Der Lärm. »Geh weg, du böses Iih!«, soll ich am Langeooger Strand zur Nordsee gesagt haben. Scheinbar gehorchte sie und zog sich zurück. Um dann mit umso lauterem Tosen wieder he ranzurollen. Welch hinterhältige Täuschung. Mit bloßen Füßen ging ich bis zu den Knöcheln hinein und rannte, wenn ein Wellenausläufer mich erreichte, schreiend wieder hinaus. Meine Mutter – sie war in ihrer Jugend eine leidenschaftliche Schwimmerin gewesen und erzählte gern von ihrem bestandenen Totenkopfabzeichen, was für sich schon ausreichend unheimlich klang – bemühte sich vergeblich, mir die Angst vor dem Wasser zu nehmen. Wie zum Ringelreihen fasste sie mich an den Händen und wollte mich so überlisten, gemeinsam ins tiefere Wasser zu hüpfen, aber ich hatte ihre Absicht durchschaut und schrie wie am Spieß. Enttäuscht gab sie auf. Auf dem Weg zurück zu unserer Strandburg hörte sie im Vorübergehen einen Mann etwas wie »Rabenmutter« murmeln. Ich weiß nicht mehr, ob auch ich den Mann gehört habe. Kann durchaus sein. Woran ich mich sehr gut erinnere, ist die ehrliche Empörung meiner Mutter, als wir unsere Burg erreichten, wo mein Vater im hellen Sommeranzug im Strandkorb saß und las. *Rabenmutter*, dabei hatte sie mir doch nur die Angst nehmen wollen! Das Verdikt traf sie hart.

Ich wusste nicht, was eine Rabenmutter war, aber das Wort klang auf jeden Fall interessant, und interessant war auch, dass andere Menschen von meiner Mutter so etwas denken konnten. Es bestätigte mich darin, dass ich ein Recht auf meine Angst vor dem Wasser hatte und meine Mutter kein Recht, mir diese Angst zu nehmen. Ich hielt noch eine Weile an ihr fest und begnügte mich damit, im Blechzuber im Stiekel'schen Garten zu planschen, bis ich die Furcht – ich weiß nicht mehr, wie und wann genau es geschah, wohl erst in einem der Sommer darauf – glücklicherweise verlor.

Ich bin im Wasser zu Haus

Ich bin im Wasser zu Hause, schrieb ich einmal. Die Orte, die ich damals bewohnte, begannen mit einem W.

Ich bin im Wasser zu Hause, auch mein Vater lebt da inzwischen. Durch seine Adern flossen Wasser und Kräuterschnaps, an manchen Tagen auch Wasser und Tütensuppen. Seinen Körper liebte er nicht. Man konnte ihm ein Bein amputieren, er hielt seinen Kopf fest und lebte weiter. Er hatte ein Lachen im Leib. Mein Vater war einer, der des Nachts aufwachte, da hatte er seinen Tod geträumt und sich in einem Sarg liegen sehen. Das war ein guter Witz, lachte er. Meine Mutter sah ihn aufrecht im Bett sitzen und hörte ihn lachen und lachen und lachen.

Das Wasser liebte er nicht. Ging er in der Nordsee baden, so nur, um den Schein zu wahren, am letzten Ferientag. Dann hob er seinen Bauch höher und höher, damit ihn das Wasser nicht leckte. Sagen wir ruhig, er war wasserscheu, seine Gedanken waren leicht wie die Luft.

Jetzt aber lebt er im Wasser, seine Augen sind Perlen, Koralle heißt sein Gebein. Eine Möwe hat sein Lachen genommen und fliegt damit wohl übers Meer. Und auch ich habe ihm in mir einen Raum gegeben, darin es erklingen kann.

Wenn ich an einem Strand entlanglaufe, singe ich immerzu vor mich hin, *Full fathoms five thy father lies*, es ist das Einzige, was ich am Wasser singe, für meine Mutter fand ich noch kein Wasserlied. Meine Mutter ist ein zarter Grashalm gewesen, von jener Sorte, die manchmal in schmalen gläsernen Vasen verdorrt. Oder auf Wellen tanzt, unermüdlich, egal, ob jemand zusieht dabei oder auch nicht. Manche Halme treiben nur auf den Wellen, bis ein Vogel sie schnappt und davonfliegt und sein Nest damit baut, an heiteren Sonnentagen. Einige aber verweht es, einige haben Samen gestreut, die sind stark und halten den Strand fest. Ja, auch ein solches Gras ist meine Mutter gewesen, es hat ihr keiner gedankt.

Nur ich bin im Wasser zu Hause, ich lebe im Meeresleuchten.

Mein Liebster hatte eine sandfarbene Haut. Er war Strand. Er lag da so blank. Er hat immer auf mich gewartet. Manchmal war er zu trocken, dann drohte er zu Staub zu zerfallen. Oft habe ich ihn keck unterspült. Er hat mich in seine Mulden gelassen, ich weichte seine Verkrustungen auf. Er hielt mich, er ließ mich nicht gehen. Er wärmte mich, wenn ich fast schon erfroren war. Zog mich zu sich ran, deckte mich zu.

Wir haben uns oft wohl vermischt, oft getrennt und oft wiedergefunden. Gemeinsam waren wir zu einem Spiegel geworden, in den man Buchstaben ritzen kann. Unsere Söhne aber sind weitergezogen. Der eine hat nach den Sternen gegriffen, den Himmel der andre gestürmt.

Die bürgerliche Ordnung
macht niemals Urlaub

Ein Besuch bei meiner Schwester, sie ist sieben Jahre älter als ich und hat entsprechend mehr oder auch nur anderes wahrgenommen. Unser Gespräch bei Kaffee und Kuchen frischt auch meine Erinnerungen auf.

Erinnerungen an die bürgerliche Ordnung der Sommerfrische, die klare Struktur der Tage. Zunächst das Frühstück, das die Pensionsgäste in der Stiekel'schen Veranda zu sich nahmen: Jede Familie hatte ihren eigens für sie reservierten Tisch, an dem wir auch zu Abend aßen; in Serviettenmäppchen, die mit dem jeweiligen Namen beschriftet waren, lagen die von uns benutzten Stoffservietten allzeit für uns bereit.

Damals war es noch gang und gäbe, sich beim Frühstück belegte Brötchen für den Strand zu schmieren. Nur auf Langeoog pflegte meine Mutter die Tradition, eine Brötchenhälfte mit jeweils einer Scheibe Vollkornbrot zu belegen. Es war noch die Zeit, in der ich statt Wurst oder Käse Zucker aufs Brot bekam. Höchster Genuss, diese Zuckerbutterbrötchen am Strand zu futtern. Der Sand knirschte zwischen den Zähnen und war mein Lieblingsgewürz.

Die Vormittage am Strand waren ausgefüllt mit Baden, so denn Badezeit war, Strandsingen bei Gesangslehrer Stein, um für das abendliche Dünensingen zu proben, gegebenenfalls gymnastischer Ertüchtigung für die Damen und Ausbesserungsarbeiten an der Sandburg seitens der Herren, denn das

Burgenbauen war Männerdomäne. Allerdings konnte mein Vater körperlicher Arbeit nicht allzu viel, oder ehrlicher gesagt: gar nichts abgewinnen (das habe ich leider von ihm geerbt). Beim Aufwerfen eines kleinen Sandwalls beschränkte er sich auf das symbolisch Nötigste, sodass wir außerhalb der Konkurrenz blieben, wenn die schönste Sandburg preisgekrönt wurde.

Diese Burgen, Schutzwälle um den jeweils gemieteten Strandkorb herum: Wer sie nicht erlebt hat, kann sie sich nicht vorstellen. Territorien wurden abgesteckt, Besitzansprüche markiert, das Eigene gegen das Fremde behauptet. Erinnerung an eine Familie, die zuvor im Schwarzwald Tannenzapfen gesammelt hatte, um ihre Burg damit zu verzieren. Nach einer Springflut lagen die Zapfen über den Strand verteilt, andere Burgenbauer integrierten sie in ihre eigene Deko, und der verzweifelte Familienvater war damit beschäftigt, seine Schätze wieder einzusammeln. Beliebt waren Burgen in Gestalt einer Robbe oder eines Segelbootes, verziert mit Möwenfedern und Muscheln und was sich sonst noch so fand. Mit Hingabe wurde der Sand gewässert und feucht in Form gehalten, sodann mit dem Maurerbrett festgeklopft, und nicht im Traum wäre es uns eingefallen, auf direktem Weg zum Wasser durch die Sandburgen anderer Menschen zu latschen. (Hier passt das weniger gehobene Verb, denn wenn auch die Tannenzapfen aus dem Schwarzwald kamen, die Feriengäste stammten aus Nordrhein-Westfalen, und viele sprachen auch so. Von den Einheimischen, so habe ich Jahre später erfahren, wurden wir Nordrhein-Vandalen genannt.)

Heute sind diese festungsartigen Burgen, wie sie in meiner Kindheit üblich waren, gar nicht mehr an allen Stränden erlaubt, auf Sylt zum Beispiel, so lese ich im Internet, sind sie inzwischen aus Küstenschutz- und Sicherheitsaspekten verboten. Wer im Netz nach dem Stichwort »Sandburgen« sucht, findet Fotos von kleinen hübschen Burgen mit Türmchen und Zinnen, die junge und alte Architekten meist am Spülsaum errichten, von kunstvoll angelegten Burggräben umgeben, die sich bei auflaufender Flut langsam mit Wasser füllen. Überflüssig zu sagen, dass meine Familie sich auch in dieser Kunst nicht geübt hat. Ich werde wohl ein bisschen Sand geschippt und gesiebt, auch mit bunten Plastikförmchen Kuchen in Form von Seepferdchen und Krebsen gebacken haben.

Unsere Strandvormittage waren jedoch um zwölf Uhr mittags schon wieder beendet, denn das Mittagessen im Deutschen Kaiser musste eingenommen werden. Ein Drei-Gänge-Menü zum Preis von 4 Mark 20, wie sich meine Schwester erinnert. Auch in meiner Erinnerung kostete ein Essen für uns vier mit Trinkgeld mal 16, mal 18, höchstens 20 Mark. Diese Zahlen haben sich mir seit frühester Kindheit derart fest eingeprägt, ich würde sie vor Gericht beschwören. Auch im Deutschen Kaiser hatten wir unsere Serviettenmäppchen, unser Vater wurde mit »Herr Doktor« angeredet, unsere Mutter – die selbst bis zu ihrem 33. Lebensjahr berufstätig gewesen war – pries den »lieben Vati, der das Geld für unseren Urlaub so lieb für uns verdient« hatte, und wir Töchter benahmen uns artig. In späteren Jahren wurde das Geld für den Deutschen Kaiser gespart und man ging mittags in die Milchbar: Milchreis mit Zucker und Zimt, Rührei auf Toast, Würstchen mit Kartoffelsalat oder besser noch einer Scheibe Graubrot oder einem Brötchen – Gerichte ganz nach meinem Geschmack und dem meines Vaters, der ebenfalls ein eigenwilliger Esser war und es fertigbrachte, in den gediegensten Restaurants um ein Spiegelei zu bitten, wenn ihm das kulinarische Angebot nicht behagte.

Nach dem Mittagessen zogen sich meine Eltern zur Mittagsruhe zurück, was wir Mädchen machten, wissen wir beide nicht mehr. Es wird wohl jede still für sich gelesen, und ich werde mir in den Jahren, als ich noch nicht lesen konnte, selbst Geschichten erzählt haben. Damit konnte ich als Kind Stunden zubringen, und so habe ich auch keine Erinnerung daran, jemals Langeweile empfunden zu haben. Das einfachste Hilfsmittel: die eigenen Finger und Zehen, stand ja immer zur Verfügung. Ich gab ihnen Namen, was einfach war, da mich die Nägel an mir bekannte Gesichter erinnerten. Und so spielte ich mit ihnen Schule oder auch mal mit den Fingern nur einer Hand »Mutter und Kind« und erfand mir dazu Geschichten. Noch heute guckt mich gelegentlich der Nagel des mittleren Fingers an der rechten Hand mit dem Gesicht meines Vaters an, der des kleinen Fingers erinnert an meine Mutter.

Nach dem Mittagsschläfchen, so berichtet meine Schwester, gingen unsere Eltern erst einmal zu zweit in die Givtbude, um dort ihren Kaffee oder Tee einzunehmen. Wir Mädchen blieben weiterhin uns selbst überlassen. Erst gegen vier Uhr nachmittags begab man sich wieder *en famille* an den Strand. Im Meer baden, Muscheln sammeln, im Strandkorb sitzen und lesen.

Mein Vater las im *Kunze*, dem Jahrbuch des Philologen-Verbandes, in dem alle im Schuldienst tätigen Lehrkräfte aus Nordrhein-Westfalen mit Titel, Funktion, Diensteintritt etc. verzeichnet waren. Ein nützliches Nachschlagewerk, denn man musste ja wissen, wen man da vorhin am Strand oder im Eiscafé Venezia gegrüßt hatte. So war er, der Oberschulrat, auch im Urlaub noch halb im Dienst, oder besser gesagt: Die bürgerliche Ordnung machte niemals Urlaub. Falls sich irgendwelche Halbstarken – Rowdys, sagte man damals – als wirkliche Nordrhein-Vandalen entpuppten und womöglich Strandburgen demolierten oder frech mit den Mädchen umsprangen, konnte man gleich nach dem Urlaub den entsprechenden Schulleiter über die missratenen Zöglinge seiner höheren Lehranstalt informieren. Womit ich nicht sagen will, dass mein Vater ein Denunziant war. Vermutlich reichte es, gegenüber den Knaben ein bisschen Detailwissen über ihren Herkunftsort zu erkennen zu geben, »Ach, Ratsgymnasium Bielefeld?«, und geschickt ein paar passende Namen in die Ermahnungen einzuflechten. Es waren ja auch die Rüpel damals im Grunde brave Bürgersöhne, die Mittelschicht war auf diesen kleinen autofreien Ostfriesischen Inseln weitgehend unter sich. Und traditionell hat Langeoog – anders etwa als Norderney, wo sich der Adel ein Stelldichein gab – seit dem im Vergleich zu anderen Inseln verspäteten Beginn des Badelebens ein überwiegend bildungsbürgerlich-protestantisches Publikum angezogen. Das 1884/85 erbaute Inselhospiz, jetzt Familienferienstätte Haus Kloster Loccum, oder das jetzt zum Verband Christlicher Hotels gehörende Haus Bethanien, das 2020 sein hundertjähriges Bestehen feierte, legen davon noch Zeugnis ab.

Dünensingen

Nach dem eher frugalen Abendbrot im Frühstücksraum der Pension – hierfür war jede Familie selbst zuständig, bei uns gab es Graubrot, Teewurst und die von meinem Vater geschätzte Sardellenpaste aus der Tube, dazu Hagebuttentee – spielten wir noch ein Weilchen vorm Haus, Federball, Völkerball, je nachdem, wie viele Kinder zusammenkamen, und, wenn es dunkelte, Verstecken in den umliegenden Gärten. In einem Jahr reiste eine Großmutter mit ihren beiden Enkeltöchtern an, Zwillingen im selben Alter wie meine Ferienfreundin Eva und ich. (Bei dieser Gelegenheit herzliche Grüße, falls sie dies zufällig lesen sollte, an Eva Siebert, Wohnsitz damals 59 Siegen, Sandstraße 8; wir schrieben uns während der gesamten Volksschulzeit am 5. eines jeden Monats eine Karte und am 25. einen Brief.) Diese Zwillinge kamen nie vors Haus, um mit uns zu spielen, und wir beratschlagten eingehend, wie wir sie aus der Obhut ihrer Großmutter hervorlocken konnten. Versteckt im Gebüsch in Stiekels Kräutergarten hörten wir ihre Stimmen durch das geöffnete Fenster, wie sie mit ihrer Großmutter plauderten, auch wohl ein Brettspiel spielten. Eines Abends warfen wir ihnen einen zu einem Papierball zusammengeknüllten Brief durchs Fenster ins Zimmer. Lange hatten wir an dem Schreiben gefeilt und uns redlich bemüht, den beiden Mädchen das abendliche Völkerballspielen mit uns schmackhaft zu

machen, die Idee, unseren Brief um einen Stein herumzu-
wickeln, glücklicherweise aber wieder verworfen. So hatten
wir zunächst Erfolg: Tatsächlich kamen sie am darauffolgenden Abend zu uns heraus. Aber schon nach kurzem Spiel
stolperte die eine mit dem Ball und schlug sich nicht nur das
Knie auf, sondern riss sich auch noch ein Loch in die feine
karierte Hose. Offenbar war diese unvorstellbar teuer gewesen und musste zum Kunststopfen aufs Festland geschickt
werden. Unter Anteilnahme der versammelten Frühstücks-
runde bangte die Großmutter in den kommenden Tagen, ob
das gute Stück rechtzeitig wiederkäme, bevor die Eltern der
Zwillinge ihre Töchter abholten. Selbstverständlich blieben
die Mädchen fortan wieder mit ihrer Oma im Zimmer, Eva
und ich spielten weiter zu zweit und hatten eine frühe Ahnung davon bekommen, dass uns manch anderes Schicksal
erspart geblieben war.

An zwei Abenden der Woche aber ging man zum Dünensingen. Heute findet es in den Sommermonaten nur dienstag-
abends in einer Dünenmulde unweit des Wasserturms statt.
Damals saß man noch richtig in den Dünen und blickte aufs
Meer und den Strand. Fotos zeigen Alt und Jung einträch-
tig beieinandersitzend, alle sangen, wie auf den von einem
professionellen Fotografen geschossenen Bildern eindeutig
nachweisbar. (Ich muss mich korrigieren: alle vielleicht bis
auf meinen Vater, der im richtigen Moment immer ein char-
mantes Lächeln für die Kamera übrig hatte, während andere Leute ihre Münder unvorteilhaft verzerrten.) Undenkbar,
dass wir herumgelaufen wären und uns ausgetobt hätten, wie
die Kinder heute. Unsere Eltern hatten es auch nicht nötig,
hektisch in feilgebotenen Liederheftchen zu blättern, um das
jeweils angezeigte Lied zu finden. Kann es sein, dass ich alt-

modisch geworden bin? Dass es großes Vergnügen macht, sich die Dünen hinunterzukullern, weiß ich immer noch. Aber abends um halb neun könnte es für ein Kind doch auch ganz nett sein, sich anzukuscheln an welche Lieblingsperson auch immer und langsam zur Ruhe zu kommen? Ein bisschen zu träumen und nebenbei vielleicht ein paar Lieder – nicht nur zu lernen, sondern mitzusingen?

Als ich mich beim letzten Dünensingen umguckte, sangen nur die älteren Frauen, zu denen nun auch ich gehöre, textsicher mit. In meiner Kindheit waren wir alle liedfest, schließlich hatten wir an mehreren Vormittagen, getrennt nach Kindern und Erwachsenen, bei Herrn Stein geprobt und konnten viele Lieder zweistimmig, manche sogar dreistimmig oder im Kanon singen. Herr Stein »oh wie fein« war ein Lehrer vom Festland, der in den Sommerferien zum Inselkantor avancierte. Braun gebrannt war er, und auf alten Fotos sowie in meiner Erinnerung trägt er stets ein schmuckes Weiß – weißes Hemd, weiße Shorts, gelegentlich eine weiße Pudelmütze, allenfalls einen blauen Seemannspullover dazu. Die Frauen schwärmten für ihn, und insgeheim verdächtigte ich sogar meine Mutter, in ihn verliebt zu sein. Sie hielt sich für unmusikalisch, glaubte, nicht singen zu können, was sie zum Glück nicht daran hinderte, gelegentlich ein »Eia-beia, buschibuschi-leia, eia-beia, buschibuschi-buuhhh« zur Nacht zu singen. Auf den Fotos vom Dünensingen, die mir aus der Zeit geblieben sind, bewegt sie eifrig die Lippen.

Das »Eia-beia« habe auch ich für meine Kinder gesungen, und auch ich bin mit ihnen zum Dünensingen gegangen, für das zu dieser Zeit der Organist der Inselkirche verantwortlich war. Zu seinem durchaus anspruchsvollen Programm zählte Mozarts *Bona nox! bist a rechta Ochs; bona notte, liebe Lotte …*, und auch, wenn die meisten Feriengäste, ich eingeschlossen, das Lied leider nicht zuvor am Strand eingeübt hatten, so retteten uns doch einige chorerprobte Kurgäste und sangen für die anderen mit. In der frühen Kindheit meines älteren Sohnes war daher der singende »Dünenmann« auch am heimatlichen Abendbrottisch in Hamburg eine feste Größe, wir gedachten seiner, indem auf »ein Löffelchen für die Omama« und »ein Löffelchen für den Pupapa« endlich auch das eingeforderte »Löffelchen für den Dünenmann« folgte.

In meiner Kindheit wurden überwiegend zünftige Seemanns- und Fahrtenlieder gesungen. *Winde wehen*, *Schiffe gehen*, *Wir lagen vor Madagaskar*, *Kleine silberweiße Möwe*, *Oh Bootsmann*, *Bootsmann*, *sag uns doch* und dergleichen mehr. Ich übertreibe nicht, wenn ich sage: Das Dünensingen hat mich für mein Leben geprägt.

Als kleines Mädchen träumte ich davon, Seemann zu werden. Jahrelang lief ich bevorzugt in Gummistiefeln herum und grölte mich wenigstens in die Nähe meines Glücks: »Ahoi, Kameraden, ahoi, ein Seemann, der ist treu, ja treu! Und das Meer, das ist weit, und der Himmel ist frei …« Später kam noch, etwas raffinierter, hinzu: »In Hamburg an der Elbe, gleich hinter dem Ozean, ein Mädchen von Sankt Pauli, unser Mädchen von der Reeperbahn.«

Nun stellte mich das Leben aber vor ein Problem: Ich kannte natürlich kein Mädchen von Sankt Pauli, »das bei jedem Kuss an uns nur gedacht« hätte, und wollte auch selbst keines sein. Und ich hatte auch nicht, wie Jan und Hein und Klaas und Pit, einen Bart und fuhr also nicht mit. Und das wurde mir, als ich zwanzigjährig nach Hamburg kam, um

im Seefahreraltenheim Fallen Anker (immerhin!) Nacht-
wachen zu halten, bald schmerzlich bewusst. Mein Freund
aus Westfalen und ich fanden uns eines späten Abends in
Neumühlen auf dem Anleger wieder, wo wir auf einem Lot-
senschiff anheuern wollten – vergeblich, trotz aller Bettelei
in zünftigem Platt. Aber dann wurden wir Zeugen, wie die
Sache in Wirklichkeit lief: Plötzlich tauchten zwei elegante
Paare in Abendgarderobe auf dem Anleger auf, die Damen
tief dekolletiert. Diskret wechselten ein paar Scheine auf
das Schiff, die Herrschaften kletterten hinterher, nur wir
blieben zurück.

Meinen Traum, zur See zu fahren, gab ich irgendwann
auf. Oder habe ich ihn, auf meine Weise, erfüllt? Schnaps
trinken kann ich, bei gelegentlichen Landgängen, auch so,
und Seemannsgarn spinnen erst recht. In meinen Büchern
denke ich mir die Stadt – und das Leben – interessant. Ich
spinne mir Hamburg verrückt, schillernd und schräg. Stun-
den-, nein tage-, ach was: wochen- und monatelang habe ich
zu Fuß die Alster umrundet. »Die weibliche Form des Fla-
neurs ist ja die Mutter mit dem Kinderwagen«, schrieb ich
einmal: »Sie flaniert so durch den Tag.«

Derweil ich Kinderwagen um die Alster herumschob und
der Wind so leichenbittersüß über das Wasser wehte, be-
völkerte ich mein Leben mit den mir fehlenden, mich ent-
zückenden Leuten. Sie verschickten Windelpakete anonym
mit der Post oder stachen während des Weihnachtsgottes-
dienstes im Michel ein Messer in jemanden hinein. »Mein
Hamburg ist nicht das von ehrwürdigen Kaufleuten, Kin-
dergärtnern oder Kultursenatoren. Dem Kredit ziehe ich die
Stadtneurose allemal vor. Die gibt es gewiss in anderen Städ-
ten auch, aber nicht so angenehm lebbar wie hier. Bei allen

Mächten der Fantasie: Nicht um alles in der Welt«, so schrieb ich damals, »kann ich mir noch vorstellen, wie es wäre, in Gütersloh oder Gießen zu wohnen, so weit vom Wasser entfernt!«

Stattdessen hoffe ich bei jedem Langeoog-Besuch nach wie vor und unverdrossen wenn nicht auf den Märchenprinzen, so doch auf einen freundlichen Insulaner, ohne Erben, aber mit Liebe zur Literatur, der, während ich an seinem Häuschen vorbeispaziere, vor die Tür tritt und mir ohne Hintergedanken die Mansardenstube oder die Ferienwohnung im Gartenhaus auf Lebenszeit anbietet. Oder auch, warum sich in Tagträumen künstlich bescheiden, das ganze Friesenhäuschen schenkt inklusive eines dekorativen *Maljan* auf dem Giebel, der das Haus vor bösen oder auch nur neidischen Geistern beschützt.

IN MEMORIAM LALE ANDERSEN

Ein Schiff

Vor einiger Zeit stieg ich nach Rückkehr von einer Reise spätabends am Hamburger Hauptbahnhof in den 6er-Bus und hatte Glück, einmal wieder jenen Busfahrer zu erwischen, der jede Fahrt zu einem unvergesslichen Erlebnis gestaltet. *Ein Schiff wird kommen*, schallte es schon beim Öffnen der Fahrertür aus dem Bus, die Aussteigenden hatten ein seliges Lächeln auf dem Gesicht und bedankten sich begeistert, die Hinzukommenden vergaßen im Moment des Einsteigens den Stress des vergangenen Tages. Ich war seit siebzehn Stunden unterwegs und die Deutsche Bahn hatte mal wieder Verspätung auf allen Strecken gehabt, aber was machte das schon. *Ein Schiff wird kommen*, sang Lale Andersen, sang der Busfahrer, sang der gesamte Bus. Und ich sang mit. Danach schepperten noch ein paar andere Schlager aus dem Lautsprecher, *Die Männer sind alle Verbrecher*, behauptete einer, ein anderer handelte davon, dass man rote Lippen küssen solle; nun, wenn man zuversichtlich weiß, dass zu guter Letzt noch ein Schiff kommen wird, muss man nicht alles im Grundsatz diskutieren. Und so bedankte ich mich, als ich ausstieg, ebenfalls überschwänglich und wäre trotz der späten Stunde am liebsten noch ein paar Haltestellen weiter mitgefahren. Lale Andersens Stimme hatte mich automatisch auf die Insel meiner Kindheit und also die *Insel fürs Leben*, wie lange Zeit der Werbeslogan des Langeoog Tourismus-Service lautete, katapultiert.

In den Sommern meiner Kindheit sah man »die Lale«, deren Lebensgeschichte sich ab Februar 1945 eng mit der Insel verband, hin und wieder am Strand, die Erwachsenen plauderten ein paar Takte, und wenn meine Eltern von ihr sprachen, so im Gestus einer Einvernahme, als zähle sie zum engeren Bekanntenkreis. Ein Gleiches galt für Hansjürgen Weidlich, den Schriftsteller, der immer mal für ein paar Tage zu Lesungen nach Langeoog kam. Die Frau, die ihn bei seinen Stippvisiten begleitete, sei gar nicht seine Frau, so wurde gemunkelt. Das interessierte mich naturgemäß herzlich wenig, ebenso wenig wie die Erwähnung, dass die damals prominente, heute weitgehend in Vergessenheit geratene Schriftstellerin Gabriele Wohmann an der Inselschule unterrichtet hätte.

Lale Andersens Schlager hingegen müssen mir schon etwas bedeutet haben: Die einzige Schallplatte aus Vor-CD-Zeiten, die sich noch in meinem Besitz befindet – wann und wohin sind mir das *Weiße Album* von den Beatles und Bob Dylans *Blonde on blonde* abhandengekommen? –, ist die Single: *Wenn Matrosen aus Pyräus tanzen gehn*, mit handschriftlicher Widmung »Für Regi und Hannele von Lale Andersen«. Leider fehlt mir seit Langem der Plattenspieler, um sie mit 45 Umdrehungen pro Minute noch einmal abzuspielen. Aber Youtube hilft aus.

In den Textheften, die man heute für 1,50 € zugunsten der Stiftung Musik auf Langeoog vor Ort beim Dünensingen oder im Eine-Welt-Laden neben der Inselkirche erwerben kann, findet sich auch eine Rubrik mit Liedern der Lale. Manche Songs hat sie »nur« gesungen, wie zum Beispiel *Ich schick dir eine Prise Sand* oder, ebenfalls sehr beliebt, *Ich schau den weißen Wolken nach und fange an zu träumen* nach der Melodie des griechischen Komponisten Manos Hadjidakis, der auch den Hit *Ein Schiff wird kommen* komponierte. Einige hat sie (unter dem Namen Nicola Wilke) auch selbst getextet, wie *Blaue Nacht, oh blaue Nacht am Hafen*. Und so finde ich mich, jetzt in Gedanken, einmal im Jahr aber auch in der Wirklichkeit beim Dünensingen unterhalb des Wasserturms wieder und singe leise mit: »Und im Zwielicht einer Bootslaterne / Stehen zwei und finden nicht nach Haus …«, und denke allen Ernstes, dass ich vielleicht die Einzige an diesem lauen Abend in der Dünenmulde bin, die noch eine Schallplatte mit einer Widmung der Lale im Regal stehen hat. Als hätte das irgendeine Bedeutung.

Dass wir uns damals beim Dünensingen an den Liedern der Lale versucht hätten, wäre freilich nicht denkbar gewesen. Das wäre einem Sakrileg gleichgekommen, schließlich lebte sie noch und sang doch alles viel besser als wir. Allenfalls werden die Feriengäste mitgesummt haben, wenn sie in der Strandhalle auftrat. »Das anspruchslose Ferienpublikum akzeptiert jede Abwechslung, die geboten wird«; in den Worten ihrer Tochter Litta Magnus Andersen liest sich das durchaus ernüchternd.

Eine Frau

D er kleinen Liese-Lotte Helene Berta Bunnenberg, im
Jahr 1905 in Lehe (heute ein Stadtteil von Bremerhaven) geboren, war die spätere Karriere als, so Wikipedia, »einer der wenigen deutschen Weltstars« – vom amerikanischen
Nachrichtenmagazin *Time* wurde sie sogar in die Liste der
berühmtesten Persönlichkeiten des 20. Jahrhunderts aufgenommen – nicht unbedingt in die Wiege gelegt. In ihren
eigenen Worten war sie »ein friedliches, fröhliches kleines
Mädchen«, das ihrer Umwelt erst im Alter von dreizehn Jahren verdächtig wurde. Anstatt mit den Büchern von Johanna Spyri ging sie nun lieber mit den Werken Schillers oder
Shakespeares ins Bett und wünschte sich zu Weihnachten
»Lyrik«, womit Gedichtbände von Goethe, Rilke oder auch
Edgar Allan Poe gemeint waren, wie ihr Buchhändler den
verdutzen Eltern erklärte. Mit fünfzehn verließ sie die hö-
here Töchterschule und heiratete im März 1922 den Kunst-
maler Paul Ernst Wilke. Ein Foto des jungen Paares beim
Bremer Künstlerfest 1924 zeigt zwei lebenslustige junge
Leute, sie mit flottem Bubikopf, im knappen Kleidchen mit
um die Wade geringelten Strümpfen, er ganz Künstlertyp
mit Hut und locker gebundenem Schal statt einer Krawatte.
Die beiden könnten noch heute in jedem Club auftauchen,
ohne aus der Zeit gefallen zu wirken. Während für ihn nach
der Hochzeit »eine Phase der außerordentlichen Schaffens-

kraft« begann, dürfte sich das Ehe- und bald auch Familien-
leben für die junge Frau Wilke etwas anders dargestellt haben. 1924, 1927 und 1929 kommen die drei Kinder zur Welt,
Björn, Carmen-Litta und Michael. Glaubt man der Darstellung der Biografin Gisela Lehrke, so verlässt die junge Frau
Wilke nur wenige Wochen nach der Geburt des jüngsten
Sohnes Mann und Kinder und folgt ihrem inneren Ruf nach
Berlin. Lale Andersen selbst hat diesen Zeitpunkt statt auf
1929 auf 1931 datiert, was unter anderem den Bestrebungen,
ihr wahres Alter zu verschleiern, geschuldet gewesen sein
mag.

Als Geburtsjahre waren zu ihren Lebzeiten nämlich auch
noch (neben 1900) 1908, 1910, 1912 und 1915 im Angebot,
und bei einem Auftritt in Toronto im Jahr 1965 wird sie ihre
Tochter Litta bitten, die eigenen heranwachsenden Kinder
zu verschweigen, damit das Vorhandensein von Enkelkin-
dern niemanden zu Spekulationen über das wahre Alter der
Sängerin anregt. Litta, die Mutter von vier Kindern, der Lale
zuvor geschmeichelt hat, sie sehe noch so »unwahrscheinlich jung aus«, trägt es mit Humor und spielt die Rolle der
jungen unschuldigen Tochter im Beisein von Fremden amüsiert mit, wie sie in ihrer Erinnerung schreibt. Freilich hat
sie in dieser Art Komplizenschaft bereits Erfahrung: »Sag,
du bist achtzehn«, hat die Sängerin der in London verhei-
rateten, da schon dreiundzwanzigjährigen Tochter anlässlich eines Gastspiels in England 1950 in dem Moment, als die
Presse anrückte, geistesgegenwärtig zugeraunt. Von Humor
zeugt Lale Andersens Bonmot, mit dem sie in verschiede-
nen Zusammenhängen punktete: Sie sei zehn Jahre älter, als
die Männer sie sähen, und zehn Jahre jünger, als die Frauen
– alternativ: die Journalisten – sie machten.

In der durchaus liebevollen Darstellung der Tochter, ge-
stützt auf Tagebuchaufzeichnungen Lale Andersens aus den
Jahren 1931–1972, liest sich die Lebensgeschichte der Lale
unterm Strich als die einer erstaunlich modernen Frau, die
ihr Leben tapfer und konsequent mit beachtlicher Selbst-
disziplin und auch Selbstironie gelebt hat. Die innere Freiheit und der klare Blick für die eigenen Stärken und Schwä-
chen können immer noch beeindrucken. Da sind zunächst
die Jahre des Suchens und Ausprobierens vor der »Macht-
ergreifung« der Nazis in Berlin, die Auftritte auf Klein-
kunstbühnen in Kabaretts und Kneipen, der Kampf um
kleine Rollen am Theater, die Begegnungen mit Menschen,
mit deren Namen sich für uns Nachgeborene so viel Geschichte verbindet – Ernst Toller, Erich Kästner, Billy Wilder oder Lotte Lenya, um nur einige zu nennen. Vielleicht
war es wirklich Lotte Lenya, der »Liselotte«, wie sie ihren
Namen eine Zeit lang schrieb, die Inspiration zu ihrem
Künstlervornamen Lale verdankte. Mit der Namensände-
rung aber beginnt die stete Arbeit am Image. Neben See-
mannsliedern umfasst das Repertoire der »blondsträhnigen
Bubenmaid« bald auch Chansons und Gedichte von Brecht,
Mehring, Kästner, Hollaender, Ringelnatz und Tucholsky,
und sie tingelt damit nicht nur durch das Berliner Nacht-
leben, sondern – wie schließlich ein Leben lang – kreuz und
quer durch Deutschland, tritt in Großstädten und auf Pro-
vinzbühnen auf, in benachbarten Ländern – von denen einige bald schon von Deutschland besetzt sein werden – und
nach dem Zweiten Weltkrieg schließlich auch in Kanada und
den USA. Bei einem Gastspiel in Zürich begegnet sie 1933
der großen Liebe ihres Lebens, dem Komponisten und späteren Intendanten der Hamburgischen Staatsoper Rolf Lie-

bermann, dessen wiederholten Heiratsanträgen und hart-
näckigem Werben sie in den 1930er-Jahren, um ihre Unab-
hängigkeit ringend, widersteht. Aber sie wird ihm, wie auch
anderen Männern und Liebhabern, in Freundschaft verbunden bleiben. Und er umgekehrt auch ihr: »Ich hab' Dich
schon wahnsinnig geliebt. Ich spürs jetzt wieder«, schreibt er
der Schwerkranken in ihrem Todesjahr 1972.

Im Mai 1972, drei Monate vor ihrem Tod, hat sie ein
Langeooger Fährschiff auf den Namen *Lili Marleen* getauft.
In Andersens Leben hat dieser legendäre Song allerdings eine
andere Rolle gespielt, als es Rainer Werner Fassbinder in seiner kolportagehaften Verfilmung mit Hanna Schygulla von
1981 erfunden hat; Fassbinder bediente sich ihrer Geschichte für seine eigenen Themen und Zwecke. Ironischerweise
war Lale Andersen mit der Geschichte ihres Lebens ähnlich
melodramatisch verfremdend umgegangen, als sie ihre Autobiografie in der Hoffnung auf eine mögliche Verfilmung in
Form eines Romans verfasste. Unter dem Titel *Der Himmel
hat viele Farben. Leben mit einem Lied* erschien das Buch,
das alsbald einen Platz auf der *Spiegel*-Bestenliste eroberte,
knapp drei Wochen vor ihrem Tod. Sie konnte es noch bei
Erscheinen am 11. August in ihrer Heimatstadt Bremerhaven
präsentieren sowie am Auftakt einer Werbetour in Wien teilnehmen, bevor sie dort am 29. August 1972 verstarb.

Ein Lied

Vor der Kaserne bei dem großen Tor
Stand eine Laterne und steht sie noch davor
So wollen wir uns da wieder seh'n
Bei der Laterne wollen wir steh'n
Wie einst, Lili Marleen.

Unsere beiden Schatten sah'n wie einer aus
Daß wir so lieb uns hatten, das sah man gleich daraus
Und alle Leute soll'n es seh'n
Wenn wir bei der Laterne steh'n
Wie einst, Lili Marleen.

Schon rief der Posten, sie blasen Zapfenstreich
Es kann drei Tage kosten, Kamerad, ich komm ja gleich
Da sagten wir auf Wiedersehen
Wie gerne wollt ich mit dir geh'n
Mit dir, Lili Marleen.

Den Text, der in der Originalversion nur drei Strophen umfasste, hatte während des Ersten Weltkriegs 1915 ein junger Gardefüsilier gedichtet, bevor er mit seiner Einheit in die Karpaten ausrücken musste: Hans Leip. Seinen literarischen Durchbruch hatte der gebürtige Hamburger und ausgebildete Lehrer für Religion und Sport aber erst 1925 mit dem Seeräuberroman *Godekes Knecht*; parallel zur Arbeit an seinen literarischen Werken, darunter Romane, Erzählungen, Gedichte, Theaterstücke, Hörspiele und Drehbücher, war er außerdem als Maler, Zeichner und Bildhauer tätig. Auf Einladung der NS-Propagandaführung verfasste er eine Max-Schmeling-Biografie und erzielte in den 1930er- und 1940er-Jahren insgesamt hohe Auflagen. 1942 wurde ihm (zusammen mit etwa fünfzig weiteren Schriftstellern und Drehbuchautoren) vom »Führer« persönlich das Kriegsverdienstkreuz, II. Klasse ohne Schwerter verliehen.

In meiner durch zweimaliges Umziehen in den vergangenen Jahren umständehalber arg geschrumpften Bibliothek hat ein zerfleddertes Taschenbuch aus dem Jahr 1952 alle Umzüge und Lebenskrisen überlebt: Leips harmlos-hübscher, in Hamburg-Övelgönne spielender Roman *Jan Himp und die kleine Brise* von 1934. Meine Mutter schenkte mir das Buch aus ihrer Bibliothek, ich mag dreizehn oder vierzehn Jahre alt gewesen sein. Aus dem Abstand der Lektüre ist mir nichts erinnerlich, was auf Nazi-Ideologie hätte schließen lassen; das sollte ich bei Gelegenheit einmal überprüfen. Was mich damals an dem Buch in den Bann schlug, war neben der zarten Liebesgeschichte wohl das, was im Klappentext als »Welthafenhauch« bezeichnet wird: »sanfte und rauhe Segelfahrten, der brüchige Zauber der Reeperbahn St. Paulis, Opiumschmuggel, Sommer, Sonne, Wind, Spuk und dunkle Tiefe …«

Damit knüpfte *Jan Himp und die kleine Brise* für den Teenager direkt an das an, was dem Kind zuvor in James Krüss' Kinderbuch *Timm Thaler oder Das verkaufte Lachen* im Wort »Hintertreppenromantik« so verheißungsvoll erschienen war, wobei sich die »Hintertreppenromantik« unabdingbar mit Hamburg und der Gegend um den Hafen verknüpft hatte. Als ich 1976 nach Hamburg zog, stellte ich im damals heruntergekommenen Mottenburger Hinterhof – schräg gegenüber hatte bis vor Kurzem der berüchtigte Frauenmörder Honka gewohnt – durchaus zufrieden fest: »Jetzt hast du endlich deine Hintertreppenromantik …« Da wirkte das Langeooger Dünensingen nach und so mancher Liedtext spukte noch im Kopf herum, *In Junkers Kneipe* etwa, ein Pfadfinderlied, das wir bei Herrn Stein mit abgewandeltem Text gelernt hatten. Statt »Ja, wenn die Burschen singen und die Klampfen klingen und die Mädchen fallen ein« hatten wir Spaß daran, »Ja, wenn die Burschen singen und die Gläser klingen und die Mädchen fallen drauf rein – diese dummen Dinger …« zu grölen. So flößten mir die auf Langeoog gelernten Lieder zwar eine Sehnsucht nach der großen weiten Welt ein, ließen mich zugleich aber etwas weltfremd werden. Denn für kurze Zeit hing ich in der Hamburger Hinterhofwohnung allen Ernstes der Vorstellung an, es könne romantisch sein, meine Wäsche nicht in einer Waschmaschine, für die meinem Freund und mir das Geld fehlte, sondern in einem Waschzuber zu waschen. Diese Idee von Romantik sollte sich freilich bald legen.

Doch zurück zu Hans Leip und seinem Gedicht *Lili Marleen*, dem der Autor seinen Nachruhm verdankt. Es hat, wie Gisela Lehrke schreibt, »einen etwas ungewöhnlichen biografischen Hintergrund«: Als Jugendlicher hatte Hans Leip für zwei Mädchen gleichzeitig geschwärmt, zum einen die Tochter eines Gemüsehändlers, die eigentlich Betty hieß, von den Jungen aber in Anspielung auf Goethes Jugendliebe Elisabeth ›Lili‹ Schönemann Lili genannt wurde, da sie wie jene die Hühner in ihrem Hinterhof mit lautmalerischem »Pipip, pipip!« an den Futternapf zu locken pflegte. Diese Betty alias Lili überließ der junge Hans schließlich seinem Freund Klaas, da er zum anderen auch noch für die liebreizende Marlene schwärmte. Sie war die Tochter eines Militärarztes, die im Berliner Lazarett als Hilfsschwester arbeitete und »die Aura von frisch gewaschener Bettwäsche, Seife, Jod und Kreosot – ein der Seeluft verwandter Geruch« hatte:

> »Sie verströmte den leicht mandelbitteren Geschmack der Desinfektion, in dem sich der Teerosenhauch des Guajakaholzes verbirgt. Ihr Name erinnerte den Schwärmer an Merlan, eine Dorsch-Art, an den Zauberer Merlin und die Marlien, die aus zwei Garnen zusammengedrehte Leine zur Segelbefestigung an Rah und Gaffel. In ihren melusinisch blaugrünen Augen drohte der junge Dichter rettungslos zu versinken.«

Hans Leip, so Lehrke, hat weder seine Marlene noch Betty-Lili nach dem Ersten Weltkrieg je wiedergesehen, und es sollte noch zweiundzwanzig Jahre dauern, bis sein Lied der Öffentlichkeit zugänglich wurde. 1937 wurde *Lili Marleen*, erweitert um zwei weitere Strophen aus seiner Feder, in den Gedichtband *Die kleine Hafenorgel* aufgenommen. Auch eine Melodie komponierte Leip dazu, die sich jedoch nicht durchsetzen konnte; in einer Interpretation der Gruppe Grenzgänger ist sie im Internet nachzuhören.

Lale Andersen hatte den Song 1937/38 im Münchner Simpl zunächst in einer Vertonung von Rudolf Zink gesungen und plädierte auch bei der Schallplattenaufnahme 1939 für diese Fassung; Gisela Lehrke beschreibt sie als »feinfühlig, eher zart«. Aber die Produzenten der Electrola bestanden auf der Fassung des Berliner Komponisten Norbert Schultze, der Leips Gedicht zwischenzeitlich ohne dessen Wissen vertont hatte. Aus unserer heutigen Perspektive – und Lales Kollegin Trude Hesterberg empfand es ähnlich – entsprach die Version Norbert Schultzes eher dem damaligen Zeitgeist und traf auch im Rhythmus, »der wie die Schritte marschierender Soldaten klingt«, so Hesterberg, »haargenau den Nerv der Zeit«.

Den Nazis war das Lied, trotz Zapfenstreich-Auftakt und Gleichschritt im Takt, zu wenig kämpferisch, zu melancholisch; Goebbels verstieg sich gar zu der Aussage, *Lili Marleen* verströme »Leichengeruch«. Dabei war Norbert Schultze ein Komponist von Führers Gnaden, der die Musik zu allerlei NS-Propagandafilmen sowie Durchhaltelieder wie *Panzer rollen in Afrika vor* oder *Bomben auf Engeland* schrieb und im Auftrag des Propagandaministers Textzeilen wie «Führer, befiehl, wir folgen dir« vertonte. (Nach dem Krieg wurde er als Mitläufer eingestuft, zahlte laut Wikipedia 3000 Mark für eine Arbeitserlaubnis und machte Karriere u. a. in der GEMA, in deren Aufsichtsrat er bis 1996 saß.)

Nach anfänglichem Flop gelangte die Platte erst zu Popularität, als der im Frühjahr 1941 gegründete Soldatensender Belgrad anfing, sie zu spielen. Glück und Zufall: Die Auswahl an abspielbaren (und nicht verbotenen) Schallplatten ist nicht groß, das Lied spricht die Soldaten an, und sie fordern es ein, als die Sendeleitung es für kurze Zeit absetzt. Bald schon wird Lale bei Autogrammwünschen gebeten, als *Lili Marleen* zu signieren, aus ganz Europa kommen Bitten um Gastspiele. Bis zum Frühjahr/Sommer 1942 hält die Erfolgssträhne an. Sie singt in »total ausverkauften Sälen«, wie sie begeistert im Tagebuch notiert, und zieht in eine 14-Zimmer-Wohnung am Kurfürstendamm, vor deren Wohnungstür ihr ein Hitlerjugend-Chor ein Willkommensständchen darbringt und in der sie auch mal vor Fronturlaubern singt. In Ungnade fällt sie, nachdem sie sich auf einer von SS-Gruppenführer Hans Hinkel angeordneten »Künstlerfahrt durch das ostdeutsche Protektorat« im Frühjahr 1942 weigert, an einer Besichtigung des Warschauer Ghettos teilzunehmen, und stattdessen eigenmächtig vorzeitig abreist. Darauf folgen Repressalien, die Vorwürfe lauten »undeutsches Betragen« und zielen in Richtung Landesverrat. Auf einer Gastspielreise nach Italien im September desselben Jahres schreibt sie in der Hoffnung, sich vielleicht in die Schweiz absetzen zu können, einen unvorsichtigen Brief an ihren Freund Kurt Hirschfeld, Chefdramaturg am Zürcher Schauspielhaus. Die Post wird natürlich abgefangen, auf der Rückfahrt nach Deutschland (»In wenigen Stunden vertausche ich das Land der Sonne mit der Heimat aus Erz und Stahl ...«) wird Lale noch aus dem Zug heraus von zwei Gestapo-Beamten verhaftet. Dass sie nicht in ein Konzentrationslager gebracht wird, hat sie vielleicht einer besorgten Meldung der BBC zu verdanken, die Goebbels dann lieber als »Falschmeldung« und »Propagandalüge« zurückweist. Allerdings wird ein Auftritts- und Beschäftigungsverbot verhängt.

Tagebuchnotizen aus der Zeit »auf dem Abstellgleis« bieten auch heute noch interessante kleine Beobachtungen. So etwa, wenn sie sinniert, »Unsere Männer leben augenblicklich, um zu hassen«, und daraus den Schluss zieht, dass die Frauen desto mehr lieben sollten – ein Motiv, das sich verbreitet in der Nachkriegsliteratur von Frauen aus den 1950er-Jahren bis hin in die 1960er- und 1970er-Jahre finden wird, zum Beispiel bei Geno Hartlaub, Johanna Moosdorf und Marlen Haushofer bis hin zu Ingeborg Bachmann und Christa Wolf. Ich bin in meiner Dissertation darauf eingegangen und finde es daher spannend, nun bei Lektüre der Lale-Biografie auf Langeoog wieder darauf zu stoßen. Als ihr im Januar 1943 ein Bekannter berichtet, er habe auf einer Gesellschaft gehört, sie sei, als sie in die Schweiz fahren wollte, um jüdische Freunde zu besuchen, »an der Grenze erschossen worden«, notiert sie: »Erschossen, geflohen, KZ, Privataffäre mit dem Minister, Spionage … langsam kenne ich alle Versionen. Wie kann es möglich sein, dass all diese Gerüchte entstehen? War denn mein Erfolg wirklich so groß, dass er so viele Verleumdungen und Neid nach sich ziehen muss?«

Erst im Mai 1943 wird mithilfe von Fürsprechern das Auftrittsverbot aufgehoben. Strengstens untersagt bleibt weiterhin jede Verbindung mit dem Lied *Lili Marleen*. Sie hält sich daran – und hört nach den Konzerten, selbst schon hinter der Bühne, wie ihre Fans es singen. Denn der »Siegeszug« des kleinen, für den Geschmack der Naziführung zu wehmütigen, für Nobelpreisträger John Steinbeck hingegen »schönste(n) aller Liebeslieder« ist nicht aufzuhalten. *Lili of the Lamplight* avanciert zu *dem* Lied des Mittelmeerkriegsschauplatzes und wird nun, wie der Londoner Rundfunk berichtet, auch von den »Zivilisierten« gespielt und gesungen. Zu weiterer Popularität verhilft ihm Marlene Dietrich, die die amerikanische Version 1944 für amerikanische GIs singt und im Mai 1945 sogar für Soldaten der Roten Armee. Hans Leip zufolge wurde der Song in 80 Sprachen übersetzt. Meine Lieblingsversion ist der nach wie vor ergreifende Song über die *D-Day Dodgers*, den ich als fünfzehn-, sechzehnjährige Schülerin in Münster durch den schottischen Folksänger Hamish Imlach kennenlernte. Er handelt von den vermeintlichen Drückebergern des D-Day, die sich angeblich in Italien einen lauen Lenz machen, bezahlten Urlaub mit Vino und Mädels genießen, von den *Jerrys*, also den Deutschen, mit Blasmusik und Freibier begrüßt werden und zum Spaß Ausflüge mit dem Bus nach Rimini unternehmen, direkt durch die »gotischen« Linien. Leider ist die Kassette, die ich 1986 in einer schottischen Buchhandlung erwarb, auch wenn sie aus Gründen der Nostalgie noch im Handschuhfach meines Autos liegt, arg abgenudelt, zudem fehlt inzwischen auch hier das Gerät, um sie abzuspielen. Aber auf langen Autofahrten, und so auch der alljährlichen Fahrt nach Langeoog und zurück, singe ich sämtliche Strophen und denke an die Schicksale jener Männer, deren Italien-Erlebnisse sich etwas anders gestalteten als die junger Erasmus-Studenten, die ein Auslandssemester in Bologna genießen.

Look around the mountains, through the mud and rain,
find the scattered crosses, some which bear no name.
Heartbreak, and toil, and suffering gone
The boys beneath them slumber on
They were the D-Day Dodgers, who'll stay in Italy …

Forever Lili Marleen

Im Februar 1945 folgte die Lale ihrem Tourneegefährten und -planer Nicki Rummert nach Langeoog: »Nicki ist von Wilhelmshaven auf ein Nordsee-Inselchen versetzt worden. Langeoog sei ein kleines Paradies, schreibt er. Zu essen gäbe es zur Genüge.« Auch Sohn Michael zieht es an die Nordsee. Das sei »ein Familienerbfehler, diese leidenschaftliche Liebe zum Meer«, so schreibt sie ins Tagebuch, bevor Mutter und Sohn ihr zerstörtes Berliner Zuhause am 10. Februar 1945 für immer verlassen und sich nach Langeoog durchschlagen, das sie eine Woche später erreichen. Dem Sohn ist es zu verdanken, dass dort mit Kriegsende aus der Flüchtlingsfrau aus dem zerbombten Berlin wieder *Lili Marleen* wird, stolz hat er den kanadischen Besatzungssoldaten erzählt, wer seine Mutter ist. Schon im Juni 1945 gibt Lale zwei Liederabende für verwundete (deutsche und kanadische) Soldaten, die man auf die Insel transportiert hat, und bezieht im selben Jahr eine ehemalige Wehrmachtsbaracke, die der geschäftstüchtige Rummert den Kanadiern abgehandelt hat. Aus der damals noch primitiven Bleibe, von Lale »Musentempel« genannt, wird später der legendäre Sonnenhof, ihr Sommerdomizil. Nach ihrem Tod befand sich lange Zeit ein Restaurant in dem Haus, und ich habe dort manch leckeres Stück Pflaumenkuchen mit Schlagsahne genossen, auch das eine oder andere Glas Wein *in memoriam* Lale

Andersen getrunken. Jetzt hat ein neuer Besitzer den Sonnenhof zu einem Ferienhaus der gehobenen Klasse umgebaut.

Mit Ende des Krieges nimmt Lale Andersen zielstrebig wieder ihre Karriere auf, sie feiert ansehnliche Erfolge, reist auf Tournee auch nach Übersee, aber alles geschieht doch mit dem Gefühl des Bedauerns, dass es für eine internationale Karriere zu spät und sie dafür wohl zu alt sei, auch wenn sie sich nicht so fühlt. Zu spät war es auch für ein Wiederaufwärmen der einstigen Liebe mit Rolf Liebermann, eine Begegnung macht die Entfremdung bewusst, vielleicht mehr auf seiner als ihrer Seite. Sie geht eine zweite Ehe mit dem Schweizer Komponisten Artur Beul ein, die auf dem Papier bis zu ihrem Tod bestehen bleiben wird, wenngleich das Paar schon bald getrennte Wohnsitze hat, er in der Schweiz und sie auf Langeoog und später im Winter auch in München.

Ein Foto zeigt Lale Andersen und Marlene Dietrich anlässlich einer Begegnung 1959 in Monaco. Die Dietrich: ganz selbstverständliche Diva, eine souveräne, schöne Dame, die sich scheinbar *en passant* einen Pelz übergeworfen hat. Lale Andersen, die doch selbst auf so vielen Fotos als unverwechselbarer »friesisch-herber Typ« lässige Eleganz ausstrahlt: hier fast zur Unkenntlichkeit oder zum Verwechseln aufgerüscht, mit Diadem im Haar, dicker Halskette, fetter Brosche und Zahnpasta-Lächeln. Neben der Dietrich: nur mehr hübsch. Das Foto kann nur jede Frau davor warnen, sich allzu offensichtlich zu viel Mühe zu geben.

1960 aber feiert sie ein beachtliches Comeback mit dem Hit *Ein Schiff wird kommen* aus dem Film *Sonntags nie!*. Mit ihren Plattenverkäufen übertrumpfte sie die Erfolge der göttlichen Melina Mercouri, die mit diesem Film ihren internationalen Durchbruch als Schauspielerin und Sängerin feierte, sowie von Caterina Valente und Lys Assia. Ich sah den Film als Fünfjährige mit meinem Vater im *Schloß-theater*-Kino in Münster. Es war eines meiner ersten Kino-erlebnisse, und natürlich habe ich nichts begriffen von dieser Geschichte über die Hafendirnen von Piräus und ihren Hurenaufstand. Was mag meinen Vater veranlasst haben, seine kleine Tochter mit in diesen Film zu nehmen, den die Jugendzeitschrift *Bravo* 1961 als »mittelmäßig und zutiefst unmoralisch« bewertete? Meiner großen Schwester verbot er einige Jahre später, da war sie schon siebzehn, achtzehn, mit ihrem Freund *Wer hat Angst vor Virginia Woolf?* mit Liz Taylor zu sehen. Ich hatte offenbar einen anderen, weitaus toleranteren Vater als meine Schwester. Zwar habe ich von diesem »unmoralischen« Kinoerlebnis nur mehr vage Bilderinnerungen im Kopf, prägend in Erinnerung blieb allerdings die Musik. »Wie alle Mädchen von Piräus, so stehe ich Abend für Abend hier am Kai«, das kann auch eine Fünfjährige schon singen und von Schiffen aus Hongkong, aus Java, aus Chile und Hawaii träumen.

Mit diesem Song sowie *Lili Marleen* hatte die Lale zwei beachtliche Erfolge, aber gegen Ende ihres Lebens rechnet sie selbstkritisch, wenngleich nicht hadernd – nennen wir es: norddeutsch nüchtern – mit sich ab. Im Vergleich etwa zu Marlene Dietrich und Hildegard Knef sei sie nur »Mittelklasse«. Gleiches gilt für ihr literarisches Schreiben, auch wenn ihr die Arbeit an eigenen Büchern zunehmend wichtig wird. Ende der 1950er-Jahre hatte sie sich einmal an einem Theaterstück versucht, das Experiment allerdings im dritten Akt nach Lektüre eines in der Hoffnung auf Erleuchtung zurate gezogenen Dürrenmatt-Dramas und einsetzender Einsicht in das mangelnde Talent wieder aufgegeben. Nun erscheint, bevor sie sich an ihre Autobiografie macht, 1969 unter dem Titel *Wie werde ich Haifisch?* als Debüt ein »heiterer Ratgeber für alle, die Schlager singen, texten oder komponieren wollen«, ein Büchlein, zu dem Rezensentinnen auf Amazon bedauernd anmerken, es sei leider sehr kurz.

Ihre letzte Ruhe fand sie, dem Wunsch im Testament entsprechend, auf dem Langeooger Dünenfriedhof, gleich hinter dem Sonnenhof, ihrem einstigen Domizil. Bei einer Führung über den Friedhof erzählt die gebürtige Insulanerin Antje Bünting von einem Schabernack, den sie und ihre Spielkameraden als Kinder gern mit den Touristen trieben. Denen schwindelten sie nämlich vor, Lale Andersens Grabstein habe an der Seite einen Schlitz, in den man einen Groschen einwerfen könne, dann erklinge *Lili Marleen*. Sicher hätte die Lale ihren Spaß gehabt an den hinter einer Rosenhecke auf der Lauer liegenden Kindern, die den Touristen zusehen, wie sie nach dem versprochenen Schlitz Ausschau halten, und dabei ihr Kichern unterdrücken müssen. Eine Jukebox als Grabstein – eine gute Geschäftsidee.

Aufgestellt hat man zum 100. Geburtstag im Jahr 2005 stattdessen das Lale-Denkmal unterhalb des Wasserturms. Idee, Entwurf und Verwirklichung verdanken sich der Inselgoldschmiedin und Malerin Eva Recker, die 1971 nach Langeoog zog und den Goldschmiedeladen Am Wasserturm eröffnete, zusammen mit der Schmuggelkiste von Ehemann Heiko eine wahre Fundgrube für Geschenke und Souvenirs. Jetzt führt Tochter Jördis Recker das Geschäft der Eltern fort. Ich erinnere mich an manches nette Gespräch, wenn ich wieder im Laden Am Wasserturm vorbeischaute. Dann erzählten mir Mann und Tochter etwa, dass Eva Recker als junge Frau in Hamburg mit Placido Domingo befreundet gewesen sei. Der Glanz ihrer Jugendjahre fiel noch auf uns Gäste an diesem regnerischen, kalten Juni-Nachmittag. Und er fällt auch jetzt noch auf mich, wenn ich mir in dem damals erworbenen ostfriesischen Teekännchen aus der Upstalsboom-Serie (weiß mit blauer Girlande) meinen nachmittäglichen Earl Grey aufbrühe.

Das Denkmal – Eva Recker schuf die lebensgroße und lebensechte Bronzestatue ehrenamtlich, das Projekt wurde durch Spenden finanziert – zeigt Lale als Lili Marleen unter der Laterne. Wie liebevoll ist die Figur gestaltet, samt Rollkragenpullover und Strickjacke mit Taschenaufschlägen und Knöpfen, wie lebensecht und modern erscheint die Frau, in lässiger Pose mit leicht eingeknicktem Bein, so wie sie auf alten Fotos zu sehen ist. Die kleine inseltypische Einfriedung aus Backstein drum herum mag auf manchen ein wenig spießig anmuten, sie hat aber durchaus ihren praktischen Nutzen, sei es für Kinder, die sich darauf im Balancieren üben, sei es für ältere Herrschaften, die sich hier einen Moment ausruhen und vielleicht etwas Sand aus den Sandalen kippen möchten. Das Mäuerchen ist zwar zu niedrig zum Sitzen, aber um bequem einen Fuß darauf abzustellen und die Riemchen zu schnüren oder die Schnürsenkel neu zu binden, dafür kommt es durchaus gelegen. In Corona-Zeiten hat ein pfiffiger Mensch – ich tippe auf die Apothekerin – Lale einen Mund-Nasen-Schutz umgebunden. So steht sie uns nun mit gutem Beispiel voran.

LANGEOOGER DÜNENFRIEDEN

Ein Friedhof

Seit meiner Jugend gehe ich gern auf Friedhöfe. Während ich als junges Mädchen und junge Frau diese Passion, wenn ich sie eingestand, gegen den Vorwurf des Morbiden verteidigen, gar rechtfertigen musste, stelle ich mit zunehmendem Alter fest, dass nicht wenige Menschen meine Vorliebe teilen. In Wahrheit, so wissen wir, steckt eine lebensfreundliche Haltung dahinter, die den Tod – und die Toten – als Teil unseres Lebens begreift. Und so wachsen die Erinnerungen: an einen kleinen Vorort-Friedhof in Schlierbach bei Heidelberg, auf dem ich ungestört und ohne die Nachbarn zu stören, Querflöte üben konnte; an bärtige Popen, die bei meinen Wanderungen in Griechenland oft schon an der Friedhofspforte warteten, um bei Bedarf einen Segen am Grab zu spenden, mit anschließend geöffnet hingehaltener Hand; an eine Führung über den Highgate Cemetery im Londoner Norden, auf der mich weniger die vietnamesischen und chinesischen Touristen beeindruckten, die sich in strammer Haltung an Marx' Grab fotografieren ließen, als vielmehr der Friedhofsführer selbst. Seine Hände waren groß wie Schaufeln, und man hätte ihm ohne Weiteres zugetraut, die ein paar Hundert Jahre alten Gräber der Pesttoten eigenhändig ausgehoben zu haben. Unvergesslich auch ein Spaziergang über den Dahlemer Friedhof und mein Erstaunen darüber, dass auf den Grabsteinen dort so mancher akademische Grad vermerkt war, als würden die Toten, darunter auch ein gewisser Dr. Rudi Dutschke, noch mit Titel vor ihren Herrgott treten wollen.

Doktoren der Philosophie mag man auf den Friedhöfen der Nordseeinsel seltener finden, aber auch die, die hier liegen, auf dem Friedhof neben der Inselkirche oder dem neueren, 1944 angelegten Dünenfriedhof, waren stolz auf ihre Berufe. Kapitän, Vormann oder Hotelbesitzer, Pastor, Kaufmann oder Strandvogt, solche Angaben werden durchaus auf den Grabsteinen vermerkt. Bibelsprüche finden sich hingegen fast nur auf den Kindergräbern, als verlangten diese Tode nach ein wenig mehr Trost. Beim Besuch des Inselfriedhofs auf Juist machte mich die Kollegin Sandra Lüpkes, die auf Juist ihre Kindheit verbracht hat, darauf aufmerksam, dass in den Sommermonaten vergleichsweise wenig gestorben werde. Man sterbe nicht in der Hauptsaison, sondern warte bis zum Herbst, und dasselbe gelte fürs Gebären. Es war auf diesem Spaziergang, dass mich ein geschmücktes Kindergrab anrührte, an dessen Kopfende sich ein kleines buntes Windrad aus Plastik drehte und um das herum allerlei Schnickschnack abgestellt war. Inzwischen sieht man so manche kitschigen Devotionalien auch auf Erwachsenengräbern. Damals begegnete ich solchem Grabschmuck zum ersten Mal.

Ich verwendete die auf Juist gewonnenen Inspirationen für eine Geschichte, die auf dem Langeooger Dünenfriedhof spielt. Da lasse ich meine Protagonistin am Grab ihres Kindes im Zwiegespräch mit ihm denken:

»Und alles habe ich falsch gemacht in meinem Leben. Nicht den Mann geheiratet, den ich eigentlich wollte, und mein Haus nicht so, wie ich es wollte, genannt. Und dich, mein Kind, hab ich zur falschen Zeit geboren, mitten im Mai, und das war auf keinen Fall richtig. Wer will schon einen Säugling im Haus haben, pünktlich zur Hauptsaison?«

Am Ende der Geschichte gibt es nach dem inneren Monolog der Hauptfigur eine Brechung der Perspektive. Da wirft die Krimiautorin Marthe, die in vielen meiner Geschichten einen kurzen Auftritt hat und nach dem Vorbild Alfred Hitchcocks quasi einmal durchs Bild gehen darf, einen Blick auf die verhuschte Alte am Kindergrab. Marthe ist auf der Suche nach einem Thema für eine Kriminalgeschichte, denkt aber, dass die Frau, die zufällig ihre Pensionswirtin ist, im Hinblick aufs Krimigenre nichts hergebe. Ich liebe es, wenn meine Figuren sich täuschen, und ganz besonders liebe ich es, wenn Marthe sich irrt. Denn Marthe weiß ja nicht, was die alte Frau – ihre Pension heißt »Seelenfrieden«, da es ein Haus »Dünenfrieden« schon gab – umtreibt, warum sie nach all den Jahren immer noch trauert. Es gibt wohl Wunden, die nie im Leben verheilen, denkt Marthe. Mehr Stoff für einen Kriminalroman vermutet sie demgegenüber in der Geschichte der Zwangsarbeiter, die es im Krieg nach Langeoog verschlagen hatte und an deren Namen mehrere Stelen in der Gedenkstätte am Rande des Friedhofs erinnern. Sie würde mehr über dieses Kapitel in der Inselgeschichte herausfinden müssen, so endet meine Geschichte. Leider ist es seit 2006 nur mehr bei diesem guten Vorsatz und Auftrag an meine Protagonistin geblieben.

Führers Roseninsel

Von ihrer *Roseninsel* sang die Lale 1960, auch diese Electrola-Single besaßen wir, und ich erinnere mich gut an die Plattenhülle, auf der die Sängerin – wohl in ihrem weißen, bortenbesetzten norwegischen Kostüm – vor rot-grünem Hintergrund zu sehen war, die rechte Hand vor dem Gesicht erhoben, als hielte sie nach dem gewissen Schiff Ausschau. Ein, zwei langstielige Rosen waren dazu auf dem Cover abgebildet, während es doch die wilden Hecken- oder Hundsrosen sind, denen Langeoog seinen Beinamen *Roseninsel* und der Schlager, von dem die Rede ist, seinen Titel verdankt.

1960, der Zweite Weltkrieg lag 15 Jahre zurück. Vermutlich erinnerte man sich nicht gern daran, dass nicht alle Fremden auf dieser Insel »freundlich begrüßt« worden waren und dort »Frieden und Stille« gefunden hatten, wie es im Liede heißt. Erst im Erwachsenenalter habe ich gelernt, dass das nationalsozialistische Regime Langeoog zur »Führerinsel« erkoren hatte.

Im Dezember 2008 startete der aus Langeoog gebürtige, in Berlin lebende Autor Oliver Numrich den Blog *Langeooger Geschichtswerkstatt*, ein Forum zur Aufarbeitung der Langeooger Geschichte, in dem er unter der Überschrift »Das Dritte Reich auf 20 Quadratkilometern« zum Auftakt schrieb, dass sich in den Chroniken und Jubiläumsfestschriften wenig über die Zeit des Dritten Reichs und des Zweiten Weltkriegs finde: »Bis heute herrscht einhelliges Schweigen über diesen Teil deutscher Geschichte auf der idyllischen Urlaubsinsel.«

Der Blog ist eine kleine Fundgrube, auch wenn die Beiträge von Laien eingestellt wurden und eine genauere historische Aufarbeitung in vielem noch aussteht. So erzählt zum Beispiel Antje Bünting auf ihrer Friedhofsführung, Langeoog sei im Unterschied zu Wangerooge und Esens nicht bombardiert worden. In Esens habe eine auf dem Rückflug von Wilhelmshaven Richtung England abgeworfene Fliegerbombe eine Schule getroffen und die Kinder verschüttet, die im Keller Zuflucht gesucht hatten; eine ganze Generation, so Antje Bünting, sei auf einen Schlag »weg gewesen«. Auf Numrichs Blog wird allerdings von einem Bombenschaden auch auf Langeoog berichtet, wenn er in einem Eintrag aus dem Tagebuch einer jungen Inselbewohnerin vom 1. Juli 1940 zitiert, dem zufolge an jenem Tag sechs Bomben abgeworfen wurden, die drei Todesopfer forderten: »Uli Peters, Heini Peters und unser Gendarm Schuchard, die beim Wasserturm standen«. Die Verkaufsbuden von Tillmann und Scharnbeck seien schwer beschädigt worden, auch das Dünenschlösschen und die Schokoladenbude hätten »viel abgekriegt«.

Zum Dünenschlösschen merkt in den Kommentaren jemand an, dass aus den Nachkriegsakten im Landesarchiv Aurich zur Entschädigungsprozedur hinsichtlich dieses Café-Restaurants weitere aufschlussreiche Details hervorgegangen seien: Zur Zeit des Bombenabwurfs hätten die Besitzer Pieter und Margarethe de Heer – der Mann Holländer, die Frau als Jüdin diskriminierte Deutsche – wegen »economischen Boykotts« verpachten müssen, eine Pension in der Mittelstraße sei bereits 1940 enteignet und zwangsversteigert worden. Das Dünenschlösschen sei nach den Bombenschäden seitens der Gemeinde abgerissen und die Materialien der Wehrmacht überlassen worden. Warum hätte es auch auf Langeoog menschenfreundlicher zugehen sollen als an anderen deutschen Orten? *Langeoog, Langeoog, ein Wort, das niemals uns betrog …* Der Langeooger Schulleiter und Chronist Richard Windemuth rühmte Langeoog 1937 als die erste Ortsgruppe im Kreise Wittmund, in der aus jedem Haushalt eine Person Mitglied der NSV, der Nationalsozialistischen Volkswohlfahrt, sei. Er hoffte, dass es mit seinen hundertfünfzig Familien nicht die einzige Ortsgruppe mit hundert Prozent Mitgliedern bleiben werde.

Aber etwas machte dem Chronisten zunehmend Sorgen und veranlasste ihn im Januar 1941, einen Vorschlag des Langeooger Bürgermeisters Wagner gegenüber dem Landesfremdenverkehrsverband Ostfriesland zu unterstützen: Durch die umfangreichen Bauarbeiten von Luftwaffe und Marine sah er den Lebensraum der einheimischen Pflanzen in Gefahr und forderte, analog dem Alpenpflanzgarten auf dem Brocken, einen Nordseegarten auf der Insel. Aber selbst beim Thema Bewaldung ging es damals keinesfalls in erster Linie um Naturschutz. Auch militärische und ökonomische Gesichtspunkte spielten in der Argumentation eine Rolle. Zum einen boten bewaldete Inseln beim Bau von Kampfanlagen bessere Möglichkeiten zur Tarnung, zum anderen, so wurde argumentiert, könne sich in den Waldungen ein gewisser Wildbestand entwickeln; von 1000 Fasanen auf der holländischen Insel Vlieland war dann etwa die Rede. Das Wäldchen, das sich heute zwischen Dorf und Hafen erstreckt, wurde allerdings erst nach dem Zweiten Weltkrieg angelegt, einige Jahre nachdem der ehemalige Militärflughafen durch die Briten gesprengt bzw. umgepflügt worden war. Wenn ich an meine Kindheit und Jugend zurückdenke, so erinnere ich mich an niedrige, eher mickrig anmutende Bäumchen; inzwischen haben sie sich zu einem durchaus urwüchsig anmutenden Wald gemausert. Stellenweise hat sich allerdings eine steppenähnliche Landschaft gebildet, die von einigen Inselbewohnern scherzhaft »Kasachstan« genannt wird.

Wie karg muss sich der erste Anblick der Insel in den frühen Nachkriegsjahren dargestellt haben! In ihrer Autobiografie *Ein Leben wie Ebbe und Flut* schildert Gisela Henning, die nach dem Krieg als Wirtschaftsleiterin in einem der damals von Arbeiterwohlfahrt, Caritas, Innerer Mission und Deutschem Roten Kreuz neu eingerichteten Kinderheime nach Langeoog kam, ihre Ankunft auf Langeoog am 1. Juni 1949:

> »Eine riesige schwarze Fläche zog sich vom Hafen
> bis fast zu den Dünen und dem Dorfrand entlang.
> Kein Hälmchen Gras, kein Busch, kein Baum!
> Eine Mondlandschaft aus Asphalt, aufgepflügt in
> mächtigen Schollen – ein ehemaliger Militärflugplatz!
> Überall Reste des vergangenen Krieges …«

Ob sich meine Eltern nachmittags beim Kaffeestündchen oder abends beim Glas Hagebuttentee oder Wein mit anderen Urlaubsgästen – oder auch den Einheimischen – jemals über diesen Teil der Inselgeschichte unterhalten haben? Oder wurde darüber geschwiegen, dachte sich nur jeder selbst seinen Teil, wenn Lale Andersen ihre *Roseninsel* besang? »Das Lied der Leeerche schwingt sich zum blau-auen Himmelszelt ...«

Der von Bürgermeister Wagner beantragte Nordseegarten wurde nicht eingerichtet, das Wäldchen erst in den 1950er-Jahren aufgeforstet. Und ach, die Rosen, die herrlichen wilden Rosen, auch sie haben wir offenbar strategischen Überlegungen zu verdanken. Polnische Zwangsarbeiter, so erzählt Antje Bünting auf ihrer Friedhofstour, hätten die Heckenrosensträucher zum Zweck kriegswichtiger Tarnung um die Hangars herum anpflanzen müssen. So habe man Bauernhöfe vortäuschen wollen, wo sich in Wahrheit militärische Einrichtungen befanden. Mir aber dudelt Lales Lied nun für ein paar Tage im Kopf herum.

Postskriptum zur zweiten Auflage:
Mit dem Schreiben ist es wie mit einem Spaziergang am Spülsaum: Es findet sich immer neues Strandgut, man ist niemals mit Aufsammeln fertig. Noch vor dem offiziellen Erscheinungstermin dieses Buches im März 2021 erreicht mich über meine Agentin ein Brief: Ein erster Leser hat *Mein Langoog* auf Ebay gekauft. Er wohne in einem Dorf, in dem der Briefkasten die einzig verbliebene öffentliche Einrichtung sei, schreibt er. Und er berichtet von der Geschichte der Villa Dünenlust und dem Schicksal ihrer einstigen Besitzer, Pieter und Margarethe de Heer, denen man in den 1930er-Jahren das Leben auf Langeoog schwer machte, bis sie aufgaben und nach Holland gingen. Pieter de Heer, so weiß Christoph Lowes zu berichten, starb 1954, wohl auch zermürbt durch mühselige Kämpfe um Entschädigung, die sich bis 1951 hingezogen hatten. Einige Jahre betrieb Margarethe de Heer die neu eröffnete Pension auf Langeoog noch mit ihrem Sohn, bis beide der Insel 1962 endgültig den Rücken kehrten. In der von ihm verfassten und von den neuen Eigentümern des Hauses herausgegebenen Broschüre »Haus Dünenlust. Eine Geschichte von Langeoog« hat Christoph Lowes der Geschichte des Hauses und dem Schicksal der de Heers ein kleines Denkmal gesetzt.

68

Die russischen Toten
sind auch unsere Toten

I n geselligen Runden, in denen über Vorzüge und Nachteile dieser oder jener Urlaubsgegend oder auch ganz pauschal: Städtereise versus Naturerleben, Norden gegen Süden, Sommer oder Nebensaison diskutiert wird, habe ich meine Lobpreisung des Urlaubs auf einer Nordseeinsel gelegentlich mit der erholsamen Geschichtslosigkeit dieser Gegend begründet: kein Bildungserlebnis, das man sich selbst schuldig ist, keine Sehenswürdigkeit, die man unbedingt besichtigt haben muss, keine berühmte Kathedrale, kein Museum, das einen überfordert ... kurzum: kein Stress.

Solch einen Unsinn kann nur denken, wer sich nicht für die Geschichte dieses Ortes interessiert bzw. wer sie gründlich verdrängt. Und obwohl ich der Generation angehöre, die, seit wir anfingen, politisch zu denken, sich gegen das Vergessen und Verdrängen jüngerer deutscher Geschichte gewendet hat, muss ich nun feststellen, dass ich in Bezug auf mein Kindheitsparadies Langeoog zu eben jenen Verdrängern zähle, die ich eigentlich verachte. Ein Schock. Während ich doch an allen anderen Orten, an denen ich gelebt habe oder wohin ich reise, mich sofort für deren Geschichte interessiere, hatte ich hier einen blinden Fleck in der Wahrnehmung. Wie konnte ich je denken, Langeoog sei ein geschichtsloser Ort?

Nun finde ich mich eines sonnigen Samstagnachmittages

vor dem niedrigen, schmiedeeisernen Tor zum Dünenfriedhof ein, um an Antje Büntings Führung teilzunehmen. Es sind vorwiegend ältere Frauen, die an diesem Nachmittag auf Nordsee und Badespaß verzichten und ihre Fahrräder vor dem Eingang abstellen, ein jüngeres Pärchen ist immerhin auch dabei. Die kleine, gepflegte Anlage, 1944 von einem Worpsweder Gartenarchitekten entworfen und nach 1960 neu gestaltet, liegt, umwachsen von Büschen und Bäumen, gleich hinter Lales Sonnenhof am Rande der Dünen. Nachdem wir an ihrem Grab verweilt haben, geht es zur Baltengedenkstätte, an der der über dreihundert Baltendeutschen gedacht wird, die 1939 infolge des Hitler-Stalin-Paktes umgesiedelt wurden und, so die Gedenktafel, nach einem »Zwischenaufenthalt in Polen und einer qualvollen Flucht« 1945 eine neue Bleibe auf der Insel fanden. Auf Wikipedia ist zu lesen, sie seien im Februar 1945 aus einem Altenheim in Schwetz an der Weichsel in Westpreußen, heute Świecie, evakuiert worden. Es seien alte Leute gewesen, weiß auch Antje Bünting zu berichten; viele seien schon bald nach ihrer Ankunft auf der Insel an Altersschwäche und Entkräftung gestorben.

Und dann halten wir an der Grabstätte der russischen Kriegsgefangenen inne. Hier wird an die Angehörigen der Roten Armee erinnert, die als Kriegsgefangene auf dem ehemaligen Fliegerhorst der Luftwaffe auf Langeoog Zwangsarbeit leisten mussten. Auf der Gedenktafel ist die Rede von 113 Sowjetsoldaten, insgesamt geht man aber von einer höheren Zahl aus, die hier ihr Leben lassen mussten. Seit den späten 1990er-Jahren hat sich der ehemalige Leiter des Hauses Meedland auf Langeoog, Helmut Junk, um die Aufarbeitung dieses düsteren Kapitels verdient gemacht. In einer Gedenkbroschüre, die den sowjetischen Kriegsgefangenen gewidmet ist, berichtet er, dass am 4. August 1941 zwischen dreihundert und vierhundert sowjetische Kriegsgefangene aus dem Lager Stalag X D (310) in Wietzendorf nach Langeoog »geschafft« worden seien. Junk zitiert in diesem Zusammenhang den bereits erwähnten Schulleiter und stellvertretenden Bürgermeister Richard Windemuth, der die Zahl in seiner Ortschronik sogar auf vierhundertfünfzig Mann bezifferte. Windemuths Notiz spiegelt auf erschreckende Weise »die mitleidlose und zynische Einstellung des gut informierten Schulleiters«, so Helmut Junk, wider, etwa wenn er sich über die »ungepflegten und unterernährten Gestalten« mokiert, »viele mit asiatischen Gesichtern«. Teer und Asphalt aus den Fugen der Betonstraße sollen sie gekaut haben, und bei der Meierei am Ostende ein totgeborenes Kalb wieder ausgebuddelt und roh verzehrt – »Ich kann's fast nicht glauben!«, so empört sich der Schulmeister, und: »Davon mußten sie ja krank werden!«, als hätten die Elenden ihr Unglück selbst verschuldet. »Essen scheint ihnen die Hauptsache zu sein. Viele Möwen und Igel haben dran glauben müssen.« Und so weiter, ohne auch nur einen Anflug an Empathie, mit der ganzen Überheblichkeit des Satten.

Aus einem von Helmut Junk zitierten Schulaufsatz geht hervor, dass die Bevölkerung zum Teil wohl etwas mehr Mitleid aufbrachte als der Dorfschulmeister: »Mittags kamen sie immer an unserem Haus entlang, und so konnten wir sehen, wie sie gequält wurden. Wir legten immer Brot unter die Bank ...«

Der französische Kriegsgefangene Fernand Masson, der im Sommer 1942 nach Langeoog kam und das inzwischen verwaiste Lager der Russen, schräg gegenüber dem französischen Gefangenenlager gelegen, erkundete, schreibt von einem »wahren Martyrium«, das die sowjetischen Gefangenen durchlitten haben müssen. Lange Zeit habe er, da er keine andere hatte, die graue Stoffhose eines von ihnen getragen. »Sie war von Kugeln durchlöchert und wies noch zahlreiche Blutspuren auf. Ihr Besitzer war – das stand fest – durch die Gewehrkugeln seiner Mörder getötet worden, und unser Kommandoführer war stolz darauf, einer von ihnen zu sein.«

Masson betont, dass das Schicksal der französischen Kameraden dem Leid der Russen in keiner Weise vergleichbar gewesen sei. Der Mann, der als einzige Hose einen noch mit dem Blut des ermordeten Vorbesitzers getränkten, zerlumpten Fetzen besaß, empfindet Mitleid. Der wohlgenährte Deutsche hingegen mit seinen Tomatenabfällen, die er den Russen nicht gönnt, wenn sie in seiner Mülltonne wühlen, hat seine Mitmenschlichkeit zugunsten seines Überlegenheitswahns geopfert. Welch eine Verschiebung der Maßstäbe und der Perspektiven!

Auf sechs steinernen Stelen am Rande des Dünenfriedhofs sind die Namen der 113 namentlich bekannten, hier bestatteten sowjetischen Kriegsgefangenen verzeichnet. Als ihre Leichen verscharrt wurden, befand sich das Massengrab in den Dünen noch außerhalb der Umfriedung. Hatte man schon für die Lebenden am Nötigsten gespart, so waren die Kosten der Bestattung laut Anweisung des Reichsinnenministers vom 27. Oktober 1941 erst recht »so gering wie möglich« zu halten. Man habe sie in Papier gewickelt, erzählt Antje Bünting, und fünf auf einmal ins Grab geworfen. Als Todesursache erwähnt sie hauptsächlich Flecktyphus, laut Helmut Junk ist diese sich hartnäckig haltende Behauptung jedoch »irrig«; sie verschleiere das unmenschliche Umgehen mit den Gefangenen. Auch in anderen Aussagen unterscheidet sich seine Darstellung von der Erzählung der Insulanerin. Während laut Junk von der Zwangsarbeit der sowjetischen Kriegsgefangenen neben wieder freigespülten Resten von Bunkern und Flakständen »vor allem der Straßenbelag der Willrath-Dreesen-Straße etwa ab Kiebitzweg mit den hochkant verlegten Ziegeln« zeuge, weist Antje Bünting diese Annahme als falsch zurück; die Straße sei bereits Anfang der 1930er-Jahre für schwere Lasten hochkant gepflastert worden.

An diesem Nachmittag auf dem Friedhof treten die Details der historischen Fakten allerdings zurück vor dem wichtigeren Anliegen, das unsere kleine Gruppe eint: der Erinnerung an das vergangene Leid. Als Antje Bünting die Tür zur kleinen Friedhofskapelle aufschließt und uns die zum Gedenken an die russischen Toten und ihre Angehörigen angebrachten Tafeln in deutscher und kyrillischer Schrift zeigt, unterscheiden wir nicht zwischen denjenigen, die die Zwangsarbeit auf Langeoog überlebten, und den Toten. Den Überlebenden, die bei der Auflösung des Lagers im Mai 1942 zurück nach Wietzendorf gebracht wurden, wird es weiterhin grausig ergangen sein. Und diejenigen, die den Krieg überlebten und zurück in die Sowjetunion kamen, galten dort als Kollaborateure und wurden vielfach wieder in Arbeitslager gesteckt. Eine Weile sitzen wir schweigend, in Gedanken versunken und bekümmert angesichts so vieler schrecklicher Schicksale und unsinnig vernichteten Lebens. »Die russischen Toten sind auch unsere Toten«, zitiert Antje Bünting einen Satz des Mannes, der sich nach dem Krieg in besonderer Weise für die würdige Gestaltung auch des sogenannten Russenfriedhofs eingesetzt hat. Der Wilhelmshavener Jürgen Baron von Schilling war durch familiäre Beziehungen eng mit den Baltendeutschen verbunden. Auf seine Initiative hin wurden die Tafeln, desgleichen eine orthodoxe Ikone der Madonna mit Kind in der Kapelle angebracht und auf dem Friedhof zwei weitere Stelen errichtet, von denen die eine an seinen Vorfahren, den kaiserlich russischen Generalmajor Carl Gebhard von Schilling, erinnern soll – (er diente wie viele Deutsche im Baltikum unter den Zaren); die andere gedenkt der im Zweiten Weltkrieg gefallenen sowjetischen und deutschen Soldaten.

Andere Nationen, so Antje Bünting, hätten nach dem Krieg ihre Toten geholt und nach Hause gebracht, Kanadier auch die Briten, Franzosen auch die Belgier mitsamt den eigenen Toten, meist abgeschossenen Fliegern, deren Leichname am Strand angespült wurden. Zu manchen Zeiten seien so viele Tote angeschwemmt worden, dass Eltern ihren Kindern verboten hätten, an den Strand zu gehen. Nur die Russentoten seien geblieben.

Von einem einzigen ist ein wenig mehr als der Name und spärliche Lebensdaten bekannt: Nikolai Michailowitsch Kurilow, geboren am 19. Dezember 1915 in Serpuchow, gestorben am 21. Januar 1942 auf Langeoog. Allerlei Zufällen, aber auch der beharrlichen Recherche und dem Interesse einiger weniger Menschen war es zu verdanken, dass sein Name bereits 1967 zusammen mit einundzwanzig weiteren Namen auf einer Namensliste verzeichnet war, die in der Zeitung *Iswestija* abgedruckt wurde. Aber erst Anfang der 1980er-Jahre erfuhr die Witwe, Maria Kurilowa, von dieser Liste und wurde nach dreimonatiger Recherche in einer Rigaer Bibliothek schließlich fündig. 1984 kam der Kontakt nach Langeoog zustande und im Juni 1986 ermöglichte ihr der auf Langeoog tätige Realschullehrer André Noltus schließlich einen Besuch am Grab ihres Mannes. Ein Foto zeigt die weißhaarige Frau Kurilowa kniend an der Stele, auf der der Name ihres Mannes verzeichnet ist. Er starb im Alter von sechsundzwanzig Jahren und hat seine kleine Tochter, im Januar 1939 geboren, nicht mehr aufwachsen sehen.

Das Porträtfoto des jungen Mannes, das Bild der knieenden alten Frau – das rührt zutiefst an. Johann Peter Hebels Novelle *Das Unverhoffte Wiedersehen* kommt mir in den Sinn, aber der Vergleich stimmt natürlich nicht. Nikolai Kurilow ist nicht in der Blüte seiner Jugend jäh verunglückt, sondern als junger Mann, der das Elend der Welt gesehen hatte, elendiglich krepiert. Vielleicht an Krankheit und Entkräftung, vielleicht durch brutale Gewalt. Vielleicht hat ihm jene Hose gehört, die Fernand Masson später trug? Das werden wir nie wissen, es ist nur eine kleine Fiktion, mit der wir versuchen mögen, etwas Ordnung, einen kleinen Zusammenhang in ein sinnloses Geschehen zu bringen. Maria Kurilowa hat folgende Erinnerungen an ihren Mann mit uns geteilt: Nikolai, so ist bei Helmut Junk nachzulesen, habe einen ruhigen, entschlossenen Charakter gehabt, er sei ein Mensch mit Seemannskern gewesen, habe »salzige« Seemannswitze gemocht:

> »Die Freunde hatten Achtung vor ihm, seine Vorgesetzten schätzten seinen Dienst. In der Familie war er ein idealer Vater und Ehemann. Er liebte mich und unsere Tochter mit heiliger, überirdischer Liebe. Ich schäme mich jetzt, dass ich ihn so nicht lieben konnte.«

Möge die Erde ihnen leicht sein.

Tu deinen Mund auf für die Stummen

Das französische sowie auch das russische Kriegsgefangenenlager befanden sich an der heutigen Gartenstraße, das französische von der Barkhausenstraße kommend gleich rechter Hand vornean, schräg gegenüber auf der linken Seite das russische. Teile dieses Geländes gehören heute zum Bereich des Hauses Meedland, einer Ferien- und Bildungsstätte der Bremischen Evangelischen Kirche, die das Gelände mitsamt Militärzelten und Wirtschaftsbaracken 1947 von den Briten erwarb und zunächst für Kinder- und Jugendfreizeiten nutzte; heute gibt es auch ein Bildungsangebot für Erwachsene.

In den Sommerferien 1969 verlebten meine Schulfreundin Katharina und ich dort zwei vergnügte Wochen im Rahmen einer Ferienfreizeit der Evangelischen Schülerinnenarbeit Nordrhein-Westfalen. Wie das zustande kam, weiß ich nicht mehr, aber die Idee, erstmals ohne Eltern in die Sommerferien und überdies nach Langeoog zu fahren, wird mir wohl zugesagt haben. Wenn ich heute Fotos aus jenen Tagen ansehe, so erinnere ich mich noch, wie erwachsen ich mich damals schon fühlte – ich war gerade vierzehn geworden. Und ich sehe, wie jung, um nicht zu sagen: jungmädchenhaft ich noch war. Ein halbes Jahr später sollte ich mich unsterblich in meinen ersten Mann verlieben; eine köstliche Zeit eigentlich, in der Kindliches und Verspieltes und kritische

Vernunft und Reife so nah beieinanderliegen und man noch ganz den weiten Schwingen der Fantasie vertraut.

Nichts wussten wir von dem, was sich auf dem Gelände abgespielt hatte. Wohl lasen wir Siegfried Lenz' *Deutschstunde* und Anne Franks Tagebuch, aber das Dritte Reich erschien uns weit entrückt in der Vergangenheit zu liegen, der Zweite Weltkrieg seit Ewigkeiten vorbei. Man braucht ein gewisses Lebensalter, um zu wissen, wie kurz ein Vierteljahrhundert in Wirklichkeit ist. 1969: Zwar gab es einzelne Historiker, Menschenrechtler, Juristen, Autorinnen und Autoren, die sich mit der Aufarbeitung der Naziverbrechen befassten und gegen das Vergessen anschrieben. Die Generation der Studentenbewegung hinterfragte die Biografien ihrer Eltern und trug ihre Themen und ihren Protest in die Gesellschaft. Das Nachdenken und die Beschäftigung mit dem Holocaust in der breiteren Bevölkerung fingen freilich erst an – zehn Jahre war es noch hin, bis die gleichnamige Serie im deutschen Fernsehen ausgestrahlt wurde und der Begriff in die Alltagssprache eindrang. Und noch länger sollte es dauern, bis die Geschichte des Hauses Meedland seitens der Bremischen Evangelischen Kirche aufgearbeitet wurde. Noch 1997 enthielt eine Jubiläumsbroschüre zur Feier des fünfzigjährigen Bestehens der Freizeit- und Tagungsstätte neben Anekdoten aus den Gründerjahren und einem Ausblick in die Zukunft einen kleinen Abriss der Entstehung, in dem die Vorgeschichte des Hauses ausgespart war. Es ist das Verdienst von Helmut Junk, der kurz zuvor die Leitung des Hauses übernommen hatte, die kritischen Stimmen, die es daraufhin gab, nicht ignoriert, sondern aktiv mit der Recherche und Aufarbeitung begonnen zu haben. 2005 erschien seine bereits zitierte Dokumentation, *Todesursache: Allge-*

meine Körperschwäche; diesen Schriftzug haben Häftlinge der Bildhauerwerkstatt einer Bremer Justizvollzugsanstalt in einem Kunstprojekt gemeinsam mit dem Verein Mauern öffnen 2008 in das Pflaster des Geländes eingearbeitet: ein Mahnmal, das die Vorübergehenden zu Fragen provozieren soll.

Als Gedenkort wurde bereits in den Jahren 2004 und 2005 die Kapelle des Hauses erbaut: »Sie ist Teil eines Gebäudes, das früher Küche und Speisesaal der deutschen Wachmannschaften des Kriegsgefangenenlagers war«, schreibt Helmut Junk, und weiter: »Die Architektur greift das auf: der Riss im Rundbau der Kapelle wird mit dem angenommenen Datum des 15. April (für Karfreitag) von einem farbigen Lichtstreifen genau zur neunten Stunde (15 Uhr) getroffen.«

Der Verzweiflung des Gekreuzigten – »Mein Gott, mein Gott, warum hast du mich verlassen?« – stehen die Worte entgegen, die am Eingang der Kapelle auf Russisch und Deutsch aus dem Alten Testament zitieren: »Tu deinen Mund auf für die Stummen und die Sache aller, die verlassen sind«.

Der Text kann im religiösen Sinn als Gebet, als Appell an Gott verstanden werden. Ich lese ihn als Aufforderung an uns. Wir, die wir in vielem privilegiert sind, haben die Verpflichtung, uns für diejenigen zu engagieren, die zum Verstummen gebracht werden sollen oder schon zum Schweigen verurteilt sind. Alles Verdrängte und Verleugnete kehrt in immer schlimmerer Form wieder. Wir sind es der Würde der Toten, letztlich aber auch unserer eigenen Würde und unserem eigenen Seelenheil schuldig, uns zu erinnern.

Das taten wir 1969 im Haus Meedland noch nicht, oder nur sehr begrenzt, auf andere Themen und Ereignisse bezogen. Aber der Krieg zeigte sich doch noch präsent, wie er das

in meiner Kindheit ja immer wieder war, ob in Form selt-
samer Redewendungen, bei denen der Sprecher manchmal
immerhin jäh innehielt und erschrak, ob in Gestalt von Ru-
inen inmitten von Unkraut überwucherter Grundstücke,
an denen mich mein täglicher Schulweg vorbeiführte. Zur
evangelischen Jugendfreizeit gehörte auch die obligatorische
Nachtwanderung am Strand entlang und durch die Dünen,
auf der uns die Gruppenleiterin ungewollt, aber zielstrebig
an den Rand eines Kraters im Pirolatal führte. Es handelte
sich um einen Bombentrichter, an dessen Kante ein Schild
eindringlich vor dem Betreten des Geländes warnte. Nicht
nur bestand Einsturzgefahr, man musste sich anscheinend
auch noch vor Blindgängern aus dem Zweiten Weltkrieg
fürchten, die jederzeit hochgehen konnten. Offenbar befanden wir uns längst auf militärischem Sperrgebiet. Einen kleinen Nervenkitzel empfanden wir schon, als die Gruppenleiterin den Rückzug anordnete. Sie blieb bemerkenswert gelassen, hatte wohl auch schon vorher den einen oder anderen
warnenden Hinweis übersehen oder schlicht ignoriert.

Heute dürfen die Dünen – »Dünenschutz ist Insel-
schutz« – auch hier im ausgedehnten Pirolatal nur noch auf
den angelegten Rad- und Wanderwegen betreten werden.
Gerne hätte ich sonst die Nachtwanderung von damals noch
einmal wiederholt. Interessant wäre es, könnte man die Spa-
zierwege von einst quasi in Stereo mit doppelter Sichtspur
nachholen, realiter in der Gegenwart und gleichzeitig vir-
tuell, den Weg von damals mit dem heutigen Anblick ver-
gleichend. Stattdessen muss ich mich mit den Bruchstücken
meiner Erinnerung zufriedengeben und mich damit abfin-
den, dass ich vieles nicht mehr überprüfen kann. Immerhin funktioniert mein akustisches Gedächtnis besser als das

visuelle. Und so habe ich, während ich mich an die Ferientage im Haus Meedland erinnere, sofort einen Ohrwurm im Kopf: *Danke*, gesungen vom Botho-Lucas-Chor, ein Song, der sich in den 1960ern großer Beliebtheit erfreute, wenngleich er auch Kontroversen in Kirchenkreisen hervorgerufen hatte. Mit diesem Hit wurden wir morgens geweckt, bis in die hinterste Schlafkoje schallte er durchs Haus, und noch heute empfinde ich die Halbtonschritte schmerzhaft nach. »Danke für diesen guten Morgen …«

Das nachträgliche Wissen darum, dass es damals keine dreißig Jahre her war, seit an eben jenem Ort Menschen brutal misshandelt und ermordet wurden, verleidet mir an diesem Nachmittag die ganze Erinnerung, nicht nur an das Lied und den allmorgendlichen Weckappell und die Ferienfreizeit, sondern nunmehr, für den Moment, in dem ich dies niederschreibe, an die gesamte Insel, zumal ich auf dem schon erwähnten Blog von Oliver Numrich auf zwei Zitate aus dem Buch *Unser Hotel ist judenfrei* von Frank Bajohr stoße, die vom Bäder-Antisemitismus im 19. und 20. Jahrhundert am Beispiel Langeoogs handeln. Auch Langeoog war dabei, als sich im späten 19. Jahrhundert »ganze Kur- und Badeorte als ›judenfrei‹ definierten, mit einem antisemitischen Image kokettierten und in ihren Badeführern kundtaten, dass ihnen der Besuch ›jüdischer‹, ›nichtchristlicher‹, ›semitischer‹, ›israelitischer‹ oder ›mosaischer‹ Gäste nicht genehm sei«. Eine Ausnahme bildete offenbar – eine Zeit lang – das mondänere Norderney. Und so lehnte Stefan Zweig eine Einladung seines Kollegen Victor Fleischer, ihn auf Langeoog zu besuchen, im Jahr 1922 mit der Begründung ab, er könne »jetzt auf zwei Meilen weit keine alldeutschen Jungens« sehen:

»lieber Norderney als diese Geistigkeit, die einen Rathenau ermordet hat. ... Ich lasse mich nicht pardonnieren und ›dulden‹, besonders dort wo ich bezahle. ... – da lieber nach Marienbad oder Italien, falls ich nichts Rechtes finde.«

ERINNERUNGEN

Mädchenwünsche

Welch krause Zeit ist doch die Pubertät. Wenn ich an die Ferientage in Haus Meedland zurückdenke, so fallen mir als Erstes die Souvenirs ein, für die ich mir vierzehn Tage lang mein Taschengeld vom Munde absparte. Ich meine, es seien vierzehn Mark gewesen, eine Mark für jeden Tag. Neun Mark neunzig war mir allein Rosinante wert, eine rosafarbene Spardose in Gestalt einer halb aufrecht sitzenden Kuh, die bei Fokko Gerdes im Schaufenster stand und in die ich mich beim ersten Anblick verliebt hatte. Das 1883 eröffnete »lüttje Koophuis« Fokko Gerdes gibt es immer noch, Haus und Schaufenster sehen fast noch genauso aus wie damals, was wohl vor allem an dem alle Zeiten überdauernden und zeitlos schönen Namensschriftzug liegt, der in schnörkellosen Goldlettern zur Straßenseite hin über dem Eingang prangt.

Wenn meine Schulfreundin Katharina und ich am späteren Nachmittag im Ort spazieren gingen, kamen wir natürlich auch an Fokko Gerdes' Laden vorbei und nahmen uns Zeit, die Waren im Schaufenster zu begutachten. Ich wusste schon, dass Rosinante *Kitsch as Kitsch can* war, aber ich musste sie trotzdem haben. Die Dringlichkeit dieses Wunsches lässt mich im Nachhinein staunen, zumal mich die Erinnerung im Stich lässt, wenn ich an Rosinantes Verbleib in meinem Jugendzimmer in Münster denke. Vermutlich thronte sie in meinem Bücherregal – einem bunt angestrichenen Regalaufbau auf meiner ehemaligen Wickelkommode; beide Möbelstücke fanden Jahre später wieder ihren Platz in meiner Mottenburger Studierstube und den Kinderzimmern meiner Söhne, nur die Farbanstriche wechselten von ehemals Dunkelgrün über Creme und frauenbewegt Fliederfarben zu Gold, sodann zu leuchtendem Königsblau, schließlich Schwarz.

Wann hatte Rosinante ausgedient, und wo ist sie abgeblieben?

»Man hatte Zeit, sich die Dinge herbeizusehnen«, schreibt Annie Ernaux in *Die Jahre* über ihre Kindheit und Jugend in der Nachkriegszeit: »das Federmäppchen aus Kunststoff, die Schuhe mit Kreppsohle, die goldene Armbanduhr. Ihr Besitz enttäuschte nicht. ... Die Dinge bargen ein Geheimnis, das sich nicht abnutzte ...«

Wann hat sich der Zauber verflüchtigt? Wann hat sich das geändert, sodass der Besitz einen schon bald enttäuschte oder zumindest nicht mehr vorhaltend lang befriedigte, schließlich gar nicht mehr ersehnenswert war? Wann fing es an, dass man sich für die drei imaginären Wünsche der Fee statt konkreter Dinge den Weltfrieden herbeisehnte, wann, dass man sich begnügte und glaubte, einfach glücklich zu sein?

Vielleicht markiert Rosinante für mich einen ersten Übergang. Aus den vergangenen fünf Jahrzehnten fällt mir kein Gegenstand mehr ein, den ich vergleichbar innig begehrt und dann dermaßen schnöde vergessen hätte.

Langeoog sei eine Insel, die an jeder Ecke »Kauf mich!« schreit, behauptete vor einigen Jahren ein Psychiater, Teilnehmer der Fortbildungswoche für Therapeutinnen und

Therapeuten. Diese These sei hier dahingestellt. Aber nachdenkenswert mag es sein, dass ich ausgerechnet in jenen Ferien, in denen ich ein gutes Stück Kindheit abstreifte, mir einen solch kindlichen Gegenstand kaufte. Für den Rest des Geldes erstand ich beim Tagesausflug nach Helgoland zwei Mini-Fläschchen in Seehundform, das eine gefüllt mit einer grünen, das andere mit blauer Flüssigkeit. Pfefferminzlikör und Curaçao, Mitbringsel für meine Eltern.

Was habe ich noch aus der Meedland-Freizeit in Erinnerung?

Eine Jungengruppe aus Essen, darunter zwei nette Jungs namens Wolfgang und Walter, deren Gesichter ich noch vor mir sehe. Als Tonspur dazu David Bowies *Space Oddity*: *»Ground control to Major Tom …«*

Isolde, schlafwandelnde Mitbewohnerin in unserem Viererzimmer. Sie hatte mehr Taschengeld als wir anderen und erhielt gegen Ende der Ferien auch noch ein Päckchen mit Süßigkeiten von daheim. Ich lag oben auf meinem Etagenbett und schaute ihr zu, während sie auf ihrem Bett schräg gegenüber ihre Schätze ausbreitete. Überflüssig zu sagen, dass sie nicht auf die Idee kam, den anderen etwas abzugeben. Vermutlich hatten wir sie vorher bereits ausreichend ignoriert.

Ein bärtiger Praktikant oder Zivildienstleistender, von uns Hugo genannt, über den wir uns lustig machten und als den ich mich beim Bergfest verkleidete. Dazu lieh er mir netterweise einen seiner zinnoberroten Frotteekittel aus, die ihm seine Mutter für den Strand genäht hatte und die für uns alberne Gänse der Inbegriff des Absurden waren. Im Nachhinein scheinen sie mir recht praktisch, um sich am Strand diskret umzuziehen. Von einem anderen Mädchen borgte ich mir braunen Mascara und malte mir damit Hugos Bartstoppeln ins Gesicht. Da ich keine Ahnung hatte, wie teuer Wimperntusche war, ging ich wohl etwas sorglos mit ihrem Vorrat um; sie war entsetzt und mir tut es noch immer leid.

Eine Wattwanderung, bei der die anderen, obwohl es Sommer war und wir keinen Monat mit »r« hatten, mit Begeisterung Miesmuscheln schlürften. Ich war angewidert. Einigen hing das Gezadder, bevor sie es in den Mund einsaugten, am Kinn, irgendwann rief ein Mädchen, »iihh, die war schlecht«. Dass einige in der Folge an einer Magenverstimmung litten, bestätigte mich in meinen Vorurteilen.

Aber auch ich musste, wie andere, zum Inselarzt, weil uns nach der Wanderung Muschelsplitter in den Fußsohlen steckten. »Die Frau geht nicht tief genug«, so hatten sich die Einheimischen über seine Kollegin geäußert. Nun, Dr. Meyer ging tief. In Erinnerung habe ich einen älteren Mann mit Zigarrenstummel im Mundwinkel, der, bevor er mit einer Art Nagelschere in meinem Fuß herumprokelte, ein Schnäpschen trank. Auch die anderen Mädchen behaupteten hinterher, er habe während ihrer Behandlung am Schnapsglas genippt, aber das mag ich nicht glauben. Das wäre denn doch arg sportlich gewesen. In den *Langeooger Anekdoten* aus der Feder des ehemaligen Lehrers André Noltus finde ich eine liebevoll würdigende Erinnerung an den Inselarzt Dr. Christfried Meyer, die das Bild abrundet.

> »Wenn der Inselarzt Doc Meyer, der gerne mal ein
> Bier trank (gern auch zwei), zu einem Patienten
> gerufen wurde und sich daraufhin, per Fahrrad und
> mit brennender Zigarre, zum Kranken aufmachte,

bewahrte er, dort angekommen, die Zigarre im Hinterrad zwischen den Speichen auf und begann dann seine Arbeit.«

In Erinnerung geblieben ist mir ferner ein Liedchen, das die Leiterinnen beim Abschlussfest zur Melodie von *Es waren zwei Königskinder* auf ein frühreifes Mädchen aus unserer Gruppe sangen und das noch auf die Wattwanderung anspielte. »Angelika schuf Kontakte zu einem jungen Mann, vor ihm in den Schlamm sie sackte, doch hielt sie sich später nicht dran.«

Es ist unwahrscheinlich, dass die Pädagoginnen nur zu einem Mädchen etwas dichteten. Haben sie auch auf mich ein paar Zeilen getextet und gesungen? Ich erinnere mich nicht mehr.

Unvergessen die Tagesfahrt nach Helgoland, bei der fast alle seekrank waren, nur ich nicht. Es war lange Zeit meine persönliche Heldengeschichte. Mein Rezept lautete, man müsse den Magen permanent beschäftigen, um jedwede Übelkeit von vornherein zu unterbinden. Fotos dieser Überfahrt zeigen mich mit einem Apfel in der einen und einer Käsestulle in der anderen Hand, von denen ich abwechselnd abbiss. Nachdem ich meinen eigenen Proviant verputzt hatte, bekam ich auch die Lunchpakete der anderen geschenkt. Irgendwann bat mich eine der Erzieherinnen, die letzte, die bis dahin noch durchgehalten hatte, ich möge einmal auf der Damentoilette nachsehen und ihr berichten, wie es dort zugehe und ob sie es wagen könne, den Waschraum aufzusuchen. Ich schaute unter Deck nach, sah einige schwankende Gestalten, grünliche Gesichter, auch roch es nicht gut, aber sonst war, wie ich befand, alles so weit in Ordnung. Die Frau ging zur Toilette und kehrte, bis wir Helgoland erreichten, nicht mehr zurück.

Außer dem auf Helgoland erworbenen bunten Likör, Isoldes Naschkram und den Miesmuscheln habe ich von der Zeit in Haus Meedland lediglich diese Äpfel und Butterbrote als Nahrung in Erinnerung behalten. Das sollte bei der Mädchenfreizeit, an der ich ein Jahr später in Domburg auf Walcheren teilnahm, anders sein. Da wurden wir süchtig nach holländischem Matschweißbrot, mit einer dicken Schicht Butter und Schokostreuseln darauf. Nachts schlichen wir in die Küche und taten uns gütlich, steigerten auch die stibitzte Ration, bis es schließlich, in einer Nacht, jede auf etwa ein Dutzend Scheiben brachte. Da hatten wir es denn übertrieben, fortan blieb die Tür zur Küche des Nachts verschlossen. Trost boten der Poffertjes-Mann am Strand und der Supermarkt, wo es dickflüssigen Vanillepudding in Glasflaschen zu kaufen gab. Kalorienzählen war zum Glück nicht unser Thema.

Essen auf Langeoog

Meine Kindheit war, da hilft kein Leugnen, zuckerreich. Zum Frühstück auf Langeoog gehörte die Tradition, ein paar Stücke Würfelzucker aus dem Schälchen vom Tisch zu stibitzen und damit die Kutschpferde der Meierei zu füttern, die vor der Pension warteten. In meiner Erinnerung verbindet sich das Bild dieser Pferde mit dem der schweren belgischen Kaltblüter der Germania Brauerei in Münster, deren Kutsche regelmäßig die Kneipe ein paar Häuser weiter in unserer Straße belieferte. Den Münsteraner Kutschpferden mit ihren puschelig behaarten Fesseln ein Zuckerstückchen auf der flachen Hand hinzuhalten, hätte ich mich allerdings nicht getraut, sie waren wuchtig und unnahbar. Demgegenüber verbindet sich die Erinnerung an das Pferdefüttern auf Langeoog mit einem umfassenden Gefühl von Geborgenheit. Mit Zuckerwürfeln begann der Tag auch für mich, denn nicht alle Stückchen, die ich vom Frühstückstisch mitnahm, verfütterte ich an die Tiere. Und am Abend langte ich in die Jackentasche meines Vaters und fischte zwischen Tabakkrümeln, einem Kugelschreiber und einem Taschentuch das mir per Gewohnheitsrecht zustehende Pfefferminz-Betthupferl daraus hervor, ein kleines rechteckiges Stückchen Vivil. Unterdes griff mein Vater, derweil er mir eine improvisierte Gutenachtgeschichte erzählte, unter die Decke nach meinen Füßen und zog mir, spielerisch, sanft, aber bestimmt, die Söckchen aus. Die pflegte ich – nein, nicht anzulassen, sondern: mir vor dem Schlafengehen eigens wieder anzuziehen, wenn ich vom Barfußlaufen schmutzige Füße hatte. Wiederholt war er es, der mich dann noch einmal aufstehen hieß und zum Waschbecken schickte. Meine Mutter hingegen – von Beruf war sie Erzieherin gewesen – hat sich kein einziges Mal darum gekümmert, ob ich mit sauberen Füßen ins Bett ging. War ihr die Körperpflege ihrer kleinen Tochter egal? Sie wollte mich doch nicht wild und dreckig? Hatte sie vielleicht, was meine Erziehung und unsere Beziehung anging, früh resigniert und schickte meinen Vater vor? Ihre Nonchalance in dieser Hinsicht ist mir bis heute ein Rätsel.

Als meine Kinder noch jung waren, schenkte sie mir den Reprint eines Hausfrauenratgeberbuchs aus den 1950er-Jahren, das sie damals selbst zurate gezogen hatte. Von ihr befolgte und für mich als empfehlenswert erachtete Hausfrauentipps hatte sie am Rande angekreuzt. Wie entfernt man Rotweinflecken aus dem Tischtuch, was tun, wenn die guten Leinentücher von der Oma einen Gelbstich kriegen, wie lässt sich für frische Raumluft in einem Raucherhaushalt sorgen … Und wie bringt man die lieben Kleinen dazu, Gemüse zu essen? Ganz einfach: indem man ihnen ein paar Esslöffel Zucker ins Gemüse mischt. Hier hatte meine Mutter statt Ausrufezeichen drei Kreuze an den Rand gemalt, um dem guten Rat den nötigen mütterlichen Nachdruck zu verleihen. Diesen Rat habe ich nicht befolgt, weswegen meine Söhne immerhin bessere Zähne haben als ich in ihrem jetzigen Alter. Da hatte sich so mancher Zahnarzt längst einen goldenen Backenzahn an mir verdient. Als jüngeres Kind streute ich Zucker auf mein Butterbrot, bis ich im Alter von neun Jahren wenigstens jungen Goudakäse entdeckte, und bei dieser Käsesorte bin ich bis heute geblieben.

Wie beglückend also die Sommertage, an denen es ausnahmslos leckeres Essen gab. In meiner Erinnerung haben wir uns auf Langeoog, ich kann nicht genug davon schwärmen, überwiegend von Bratkartoffeln mit Spiegelei, Milchreis mit Zucker und Zimt sowie einer Prise Sand oder auch Würstchen mit Kartoffelsalat (für die Erwachsenen) oder einem Stück Brot (für mich) ernährt. Keinesfalls nahm man Senf zu den Würstchen, Senf mache dumm, warnte mein Vater. Auch in späteren Jahren, wenn wir etwa an einer Imbissbude oder einem Bahnhofskiosk vorbeigingen, pflegte er – »Nun guck dir das an …!« – mit Blick auf die Abfalleimer und die Pappen darin, auf denen noch ein Klacks Senf klebte, zu sagen, Senf sei das überflüssigste, da am meisten weggeworfene aller Produkte. Ich glaubte es ihm ebenso wie die Behauptung, dass Rosinen nichts anderes als getrocknete Fliegen seien, und pickte mir jahrelang die Rosinen aus dem Kuchen – freilich nicht, um sie zu essen, sondern um sie am Tellerrand aufgereiht liegen zu lassen.

Falls es Spinat zum Spiegelei gab, wurde er mir unter die Kartoffeln getitscht, eine kleine Mogelei, die ich später auch bei meinen Söhnen praktizierte. So manches Püree, so manches Süppchen erschien ihnen zwar verdächtig dunkelgrün oder leuchtend orange, aber solange ich von Kartoffelsuppe oder Kartoffelbrei sprach, haben sie, was immer es war, freundlich gelöffelt. Manchmal rächt sich der eigene Makel im Mäkeln der Kinder.

Etwas aber gab es in meiner Kindheit, das später aus der Mode kam, obwohl es doch ein höchstes Glücksgefühl auslöst: Softeis. Untrennbar ist die Erinnerung mit Langeoog verbunden. Der Geruch der Holzplanken auf den Wegen zum und vom Strand, die Pflastersteine aus rotem Ziegel, über die man barfuß kaum laufen konnte, so mit Hitze getränkt waren sie; der Duft von Sonnenlotion, Schweiß – der Geruch war in meiner Kindheit noch allgegenwärtig und weniger verpönt – und salzig nach Meer schmeckender Haut; die Geräuschkulisse aus Wind, Wellenrauschen und Möwengeschrei, quengelnden Kindern und schimpfenden Eltern – das Reizklima sei schuld, hieß es dann wohl: All das ging ein in den Genuss einer Portion Softeis aus dem Automaten, meist mit Vanillegeschmack, selten auch Schokolade. Die Textur im Mund ist in meiner Erinnerung sofort wieder präsent; von einer erhöhten Salmonellengefahr war damals noch nicht die Rede.

Auf Wikipedia ist zu lesen, dass Softeis bereits in den 1930er-Jahren in den USA erfunden wurde und dass 1948 ein britisches Forscherteam neue Rezepte mithilfe amerikanischer Maschinen entwickelte, unter Beteiligung der späteren Premierministerin Margaret Thatcher, einer studierten Chemikerin. Das Team um die Eiserne Lady verpasste der Speise das Etikett »soft«. 1958, so heißt es ferner, seien die ersten Softeismaschinen nach Deutschland importiert und in Betrieb genommen worden. Die Langeooger Softeis-Ära wird wohl erst ein paar Jahre später begonnen haben. Ich meine, mich genau an diese Neuigkeit zu erinnern, muss also schon ein wenig älter gewesen sein. Aber wer weiß. Es war jedenfalls die richtige Erfindung für ein kaufaules Kind.

Inzwischen lässt sich auf Langeoog, wie auch andernorts in Ostfriesland, durchaus raffinierter speisen. Saisonale und regionale Produkte, Bio, Nachhaltigkeit und Slow Food, so lautet auch hier die Philosophie. Zum Beispiel konnte, wer im Juni 2020 auf Langeoog weilte, im Seekrug mit Blick auf den Sonnenuntergang ein »regionales Genussmenü« mit fünf Gängen schlemmen, vom Rote-Rüben-Salat mit Meerrettich über marinierte blaue Kartoffeln mit Spargel, Meerrettich-cremesuppe mit Langeooger Rind und Brennnesselpesto, Rollbraten vom Landgockel oder Rücken vom Milchzicklein oder Chili con Carne vom Inselrind, einem Fischteller mit drei fangfrischen Fischen oder einem Langeooger Plattfischteller mit Scholle und Scharbe bis hin zu besten friesischen Käsesorten nebst einem gereiften Cream Sherry aus dem Botschafter-Keller.

Habe ich je behauptet, dass ich mäkelig sei? Im Essen, mag sein, aber keineswegs beim Lesen von Speisekarten, auch wenn ich gern vom Süppchen gleich zum Zitrone-Basilikum-Sorbet übergehe. Aber wie verheißungsvoll klingt doch all dies, Granat vom Kutter, Lamm von den Salzwiesen, Langeooger Wild (Reh, Hase und Fasan), Langeooger Sauerampfer und Langeooger Inselrind – die zotteligen Highlander, die man ebenfalls auf den Salzwiesen sieht. Zum Fleisch passen Sanddornsenf und die hausgemachte Hagebuttensalsa, die man sich auch liefern lassen kann. Bestellen lässt sich auch »Sonja's Rosengold«, das köstliche Rosengelee aus den Blüten der Inselrose, das Sonja Peters, die Inhaberin des Blumenhauses in der Kirchstraße, in der entsprechenden Jahreszeit zaubert, aus »Rosenblüten, Ingwer, Rotwein, Wasser, Zitrone, Gelierzucker und ein paar ›Geheimzutaten‹«, wie sie auf ihrer Webseite schreibt. Eifrige Touristen unterstützen sie beim Sammeln der Blütenblätter, und wenn ich in den vergangenen fünfzehn Jahren um Pfingsten herum auf der Jahrestagung der Therapeuten des Kindes- und Jugendalters einen Vortrag hielt oder ein Seminar gab, habe ich es nie versäumt, ein paar Gläser auf Vorrat mit nach Hause zu schleppen. Einmal aber war es Mitte Juni noch so kalt, dass die Heckenrosen noch nicht blühten und es kein Rosengelee gab, das war auch aus anderen Gründen ein trauriges Jahr.

In Gedanken sehe ich mich mit den Psychotherapeutinnen und Psychiatern beim Abschlussabend für Referenten am Seekrug-Buffet. Mit einem Glas Wildblütensecco fingen diese Abende sehr gesittet an. Reden wurden gehalten, und am Ende bekamen die Therapeuten vom Organisator der Ärztekammer Niedersachsen ein »Übergangsobjekt« geschenkt, um den Abschied zu erleichtern, zum Beispiel eine kleine Handdrehorgel, mit der sodann alle gemeinsam im Takt *Lili Marleen* spielen sollten. Das resultierte trotz aller Therapeutenempathie, mit der man versuchte, die kleine Drehorgel synchron mit den anderen im Takt zu betätigen, in amüsanter Kakofonie. Und sie gingen auch gesittet zu Ende, diese Abende, im kleinen Kreis bei einem Aquavit an der Düne 13. Zugestanden, bei einem Gläschen Aquavit blieb es meistens nicht, dreimal ist schließlich Ostfriesenrecht, aber aus langjähriger Anschauung kann ich doch resümieren, dass Therapeuten um einiges disziplinierter sind als zum Beispiel Krimiautorinnen und -autoren. Wer dann in der Dunkelheit nicht mehr radeln mochte, der schob, sofern das vorschriftswidrig an der Promenade abgestellte Rad nicht zuvor von der Inselpolizei konfisziert worden war.

Einmal prangte ein riesengroßer Blutmond direkt über den Dünen. Ich bestaunte ihn gemeinsam mit N., einer Gestalttherapeutin aus Frankfurt, die mehrmals an meinen Kursen teilgenommen hatte und mit der mich ein beidseitiges freundliches Interesse und der vage Vorsatz verband, irgendwann gemeinsam ein Seminar anzubieten. Sie war einige

Jahre jünger als ich, sportlich und durchtrainiert, und hatte auch bei kühleren Luft- und Wassertemperaturen frühmorgens vor dem Seminar schon in der Nordsee gebadet. Ginge es streng nach Adam Riese und gesunder Lebensführung, so hätte ich vor ihr sterben müssen. Aber vor einigen Jahren stolperte ich bei Lektüre der *Frankfurter Rundschau* über ihre Todesanzeige – ein Schock. Bei der Jahrestagung etwa einen Monat später wusste niemand Näheres, nur dass sie kurzfristig abgesagt hatte. In Gedanken trinke ich den letzten Schluck Wildblütensecco auf sie.

Da ich den letzten Schluck aber nur in Gedanken trinke, ist der Boden des Glases nicht so schnell erreicht, und mir kommt eine andere Erinnerung an N. in den Sinn. Einige Jahre lang konnte die Jahrestagung der Ärztekammer nicht auf Langeoog stattfinden und wurde nach Norderney verlegt. Da fiel der Abschlussabend der Referenten etwas rustikaler aus, wir saßen auf Barhockern an hohen Bistrotischen und aßen Flammkuchenstücke. Mit einer ungeschickten Handbewegung fegte ich noch vor dem ersten Schluck mein volles Glas vom Tisch, der Rotwein ergoss sich zu gleichen Teilen auf N.s weiße Hose und meinen orangefarbenen Rock. Sie behielt die Nerven und bat den Kellner, uns einen großen Eimer Salz zu bringen. Der junge Mann wollte abwinken, das nütze doch nichts, ich erwähnte meine Haftpflichtversicherung, die ich noch nie in Anspruch genommen habe, und hätte ihr natürlich die Kosten für die Reinigung oder auch eine neue Jeans erstattet. N. blieb beharrlich, und nach etwas Hin und Her brachte uns der Koch ein Fünfkilopaket Salz, aus dem wir abwechselnd Salz auf ihre Hose und meinen Rock schippten. Während des Abends schüttelte ich das Salz in meinem Rock immer wieder hin und her, sie wiederum verteilte es geduldig mit der Hand auf den Hosenbeinen. Im Jahr darauf konnten wir uns den Erfolg dieser Methode beweisen. Mein Rock ist zwar nicht mehr leuchtend orange, sondern etwas verschattet, ihre Jeans aber sahen aus wie neu.

Jetzt, da ich dies schreibe, kommt mir freilich ein Zweifel. Würde ich keine Erinnerungen schreiben, sondern eine Erzählung, so hätte sich die Protagonistin wohl eine neue Hose gekauft und nur so getan, als handle es sich um die alte. Ach, liebe Nicola, da will ich über Essen auf Langeoog schreiben und bin unversehens bei Flammkuchen und Rotwein und in Erinnerung an unser Gespräch auf Norderney gelandet, als Du mir von der Adoption Deines Kindes erzähltest.

Langeoog, ein Wort, das niemals uns betrog. Langeoog, ein Slot in meinem Gehirn für Menschen, Gerüche, Gefühle, Geschmäcker, für Klangfetzen, Worte, Musik, für eigene und fremde Lebensgeschichten. Langeoog ist kein Ort, sondern ein Container für Ich-weiß-nicht-was, nennen wir es Erinnerung. Und Sehnsucht und Utopie.

Der Hunger meines Vaters

M anches bleibt nur in Erinnerung, weil man es nicht erlebt hat. So hätte ich eine Würstchen-Mahlzeit mit meinem Vater sicher längst vergessen, wenn sie uns nicht vorenthalten worden wäre. Ich war sieben Jahre alt, Mutter und Schwester unternahmen einen Ausflug nach Helgoland, mein Vater und ich hielten die Stellung auf Langeoog. Vielleicht galt ich als noch zu klein für das Hochseewagnis. Wie dem Fotoalbum zu entnehmen ist, das meine Schwester als Weihnachtsgeschenk für unsere Großmutter gestaltete, wurde solch eine Tagestour damals offenbar als echtes Abenteuer wahrgenommen. (»Mutti zitterte. ›Und über die Bordwand soll ich klettern? Niemals!‹«) Während der Mutter-Tochter-Tag dank des Fotoalbums anschaulich dokumentiert ist, ist nicht schriftlich überliefert, wie mein Vater und ich den Tag verbrachten. Meine Erinnerung setzt ein, als ich mich mit meinem Vater in einer Kneipe befinde, in der wir sonst nicht einkehrten. Sie muss auf dem Weg zum Inselbahnhof gelegen haben oder vermutlich sogar ein Stück hinter dem Bahnhof weiter in Richtung Hafen. Hier wollten wir zu Abend essen, bevor wir meine Mutter und Schwester am Schiff abholten. Die bestellten Getränke werden wir bekommen haben, doch vergeblich warteten wir auf unsere Würstchen. Ich erinnere mich, wie mein Vater den Wirt mehrfach darauf ansprach, ihn höflich erinnerte, nach unserer Bestellung fragte. Der Wirt hockte mit anderen Leuten plaudernd an einem der Nachbartische, ich sehe ihn vor mir, mitsamt einem grünbraunen Hütchen, an dessen Seite ein Gamsbart steckte. »Jaja, die kommen gleich.«

Nach einer Dreiviertelstunde brachen wir auf, just in dem Moment, als die Würstchen tatsächlich kamen. Oder täuscht mich die Erinnerung hier, habe ich sie in meiner Vorstellung nachträglich hinzugedichtet?

Ich sehe meinen Vater und mich die Straße Richtung Hafen entlanglaufen, mein Vater nun mit unterdrückter Erregung. »Der soll sich seine Würstchen an den Hut stecken!«

Ich kannte den Ausdruck nicht und erinnere mich an die grenzenlose Bewunderung für meinen Vater, der solch einen Satz sagte. Sofort sah ich die Würstchen am Hut des Mannes, und noch heute versetzt mich das Bild in gute Laune. Es ist so einfach, kleinen Mädchen zu imponieren.

Dem Album meiner Schwester ist zu entnehmen, dass unsere Mutter und sie die Zellophantüten, mit denen sie sich nach den schlechten Erfahrungen der Hinfahrt reichlich versehen hatten, auf der Rückfahrt »Gott sei Dank nicht brauchten«: »Um ½ 8 gingen wir ins Bordrestaurant und aßen ein langes Würstchen, um ½ 9 zockelten wir mit Vati und Regi in der Inselbahn zu Stiekels.«

Bin ich hungrig zu Bett gegangen? Ich weiß es nicht mehr. Schon die Fahrt in der Inselbahn ist im großen Meer der vergessenen Erinnerungen versunken. Im Abstand aber sehe ich das Geschehen mit anderen Augen und noch einmal neu, aus der Perspektive der Erwachsenen. Hat mein Vater den Wirt nur als inkompetenten Gastwirt wahrgenommen, oder hat sich zwischen ihm und den Männern am Nachbartisch noch eine andere Geschichte abgespielt, die ich als Kind nicht

98

wahrgenommen habe? Hat er sich an jenem Abend, überhaupt in jener Zeit, noch gelegentlich an die Zeit des Hungers in der Nachkriegszeit erinnert? Das Ende des Zweiten Weltkrieges lag erst siebzehn Jahre zurück.

Nach Kriegsende war mein Vater bis zu seiner Entlassung im Dezember 1945 in britischer Kriegsgefangenschaft im ehemaligen KZ Neuengamme bei Hamburg interniert. In seinem Nachlass befand sich die Abschrift eines *Neuengammer Tagebuchs*, von ihm selbst in späteren Jahren abgetippte und zum Teil wohl auch nachträglich korrigierte, leider undatierte Notate. Zehn eng beschriebene Schreibmaschinenseiten, aus denen mir ein anderer Mann entgegentritt als der Vater, den ich kannte. Anfangs etwas wehleidig (»Ich weiß, wie die meisten, nicht, warum ich verhaftet bin«) und Trost auch im Religiösen suchend, was er später nicht mehr tat, da pflegte er zu sagen, sein Magen für religiöse Dinge sei sehr klein und Sokrates sei ihm näher als »jener blasse Jüngling aus Nazareth«. Zunehmend enthalten die Tagebuchaufzeichnungen auch einige immer noch interessante Reflexionen über die Deutschen und die damalige politische Situation. »Das Bild des geschlagenen Volkes ist beschämend. Neid und Würdelosigkeit triumphieren. Die Lagerfunktionäre sind fast alle knechtsselige Mittelgestalten …«

Und immer wieder gibt es Einträge über »die furchtbarste Strafe«, den Hunger:

> »Er macht den Menschen zu einem Tier. Entsetzlich
> der Mensch, der nur noch ans Essen denkt, vom Essen
> spricht, vom Essen träumt. … Ehemalige Majore wüh-
> len mit schmutzigen Händen in den Abfallhaufen. Ein
> höherer Arbeitsdienstführer erbietet sich, das Mittag-

essen für einen kranken Kameraden mitzubringen. Es wird beobachtet, wie er regelmäßig aus dem fremden Kochgeschirr einen Teil in sein eigenes hinüberschüttet und seinen Kameraden so betrügt. Hunger schafft neue Moral.«

War die Verachtung des Essens, die mein Vater später so oft ausstrahlte, vielleicht nicht nur preußischer Askese geschuldet, sondern auch Ergebnis des Krieges und der Gefangenschaft? Verdankte sich das, was wir Kinder als Körperfeindlichkeit wahrnahmen, nicht nur bildungsbürgerlicher Arroganz – (Körper sei für ihn doch nur etwas für Frauen ohne Abitur, mokierte sich meine Schwester einmal) –, sondern war der Versuch, sich ins Geistige zu retten, einst Teil der Überlebensstrategie gewesen? Nachdenklich stimmt mich eine Szene, die meiner Erinnerung an die gefürchteten samstäglichen Gemüsesuppen in meiner Kindheit eine andere Perspektive verleiht; da erlöste mich mein Vater des Öfteren von zähen Suppenfleischstückchen, vor denen ich mich ekelte. Wenn meine Mutter nicht hinsah, ließ ich sie von meinem Löffel auf seinen Teller gleiten. Damals hatte ich meinen Vater in Verdacht, dass er die Stücke, ohne sie zu kauen, einfach herunterschluckte. Ob er sich dabei gelegentlich an diese Episode erinnert hat?

»Als ich heute meinen Essnapf hinhielt, entglitt der Kelle ein großes Stück Fleisch. Der Essenausgeber, der sonst stumpfsinnig und lustlos seine Arbeit versah, schien plötzlich Mitleid mit seinem Gast zu haben. Er unterbrach sein mechanisches Tun, fischte das Fleischstück wieder heraus und gab es mir mit einem Lächeln. Das hat mich beglückt: Nicht das bisschen Essen, sondern dieser kleine Sonnenstrahl der Menschlichkeit.«

Als er kurz vor Weihnachten 1945 entlassen wurde – in der heutigen Hamburger Kunsthalle wurden ihm die Papiere ausgestellt –, litt er an Ruhr und Unterernährung und ihm wurden allgemeine Körperschwäche und der Tauglichkeitsgrad *unfit* attestiert. Davon war in meiner Kindheit nichts mehr zu sehen. Ein Foto aus dem Sommer 1962, eben jenem Sommer, als meine Mutter und Schwester ihren Ausflug nach Helgoland unternahmen, zeigt ihn bei einem Gruppenausritt auf Langeoog neben meiner Schwester, und während sie sich um aufrechte Haltung bemüht, ist diese bei unserem – ansonsten völlig unsportlichen bzw. an Sport desinteressierten – Vater wie selbstverständlich da und benötigt kein Adjektiv. Im hellen Sommeranzug mit Jackett, auf dem Kopf eine Baskenmütze, sitzt er kerzengrade hoch zu Ross, als würde er gerade durch Kurland reiten. Dort hatte er auf der Halbinsel Hela vor Danzig die letzten Kriegswirren erlebt, sich von dort vor sowjetischer Kriegsgefangenschaft in einem morschen Kahn zunächst nach Ystad gerettet und von dort weiter über die Ostsee nach Dänemark, um dann zu Fuß durch Dänemark Richtung Flensburg den Briten entgegenzumarschieren. Als Kind wusste ich von alldem nichts, jetzt aber finde ich dieses Reiterfoto doch bemerkenswert.

Sprach ich von Haltung? Eine vorherrschende Haltung meines Vaters zum Leben war, zum Leidwesen meiner Mutter, die sich dann nicht ernst genommen fühlte, die Ironie; diesen Schutzmechanismus habe ich übernommen. »Satire ist, wenn man trotzdem lacht«, schreibt der ehemalige Mönch

Hans Conrad Zander, Humor aber, so Zander, mache einen Qualitätssprung über die Satire hinaus: »Humor ist, wenn man trotzdem liebt.«

Die Übergänge sind fließend.

Im Alltagsleben wurde die oft distanziert wirkende Art meines Vaters allerdings durch mancherlei liebenswürdige Schrulligkeit konterkariert. Eine Szene hat sich eingebrannt, die, auch wenn sie sich nicht auf Langeoog zutrug, doch in diesen Erinnerungskontext gehört. 1986 besuchte mich mein Vater in London, wo ich damals arbeitete. Sein Flugzeug hatte Verspätung, und ich musste in Heathrow längere Zeit an der Sperre ausharren, an der die Abholenden auf die Ankommenden warteten. So hatte ich reichlich Gelegenheit, die Wiedersehensfreude und Begrüßungsrituale der angeblich so reservierten Briten zu betrachten. Wie viel Liebe, wie viel Temperament, wie viele zärtliche Umarmungen! Je länger ich wartete, desto beklommener wurde ich. In meiner Familie waren spontane körperliche Gesten, überhaupt Berührungen nicht an der Tagesordnung. Meine Mutter fing zwar irgendwann an, mich zum Abschied auf den Mund zu küssen, aber das habe ich nun wiederum immer als übergriffig empfunden, vielleicht, so dachte ich, war die Geste sogar einem Gefühl von Eifersucht entsprungen, wenn sie mich mit meinem Mann zärtlich verbunden sah. Meine Schwester hat mir zur Begrüßung manchmal die Hand entgegengestreckt; das wird künftig, Corona sei Dank, wohl unterbleiben. Man tut dieser Familie kein Unrecht, wenn man sagt, dass sie körperlich nicht austariert war.

Umso überraschender jetzt der Anblick der Langeooger Urlaubsfotos – Schnappschüsse des Inselfotografen –, auf denen ich mich im Strandkorb an meine Mutter schmiege oder Arm in Arm mit meinem Vater, dem ich freilich noch kaum bis zur Brust reiche, über die Strandplanken marschiere. Wann hat sich diese auf den Fotos ganz selbstverständlich erscheinende körperliche Nähe verflüchtigt? Und warum?

All diese Erfahrungen und Berührungen, die ich mit mir herumtrage, die erlebten und die unterbliebenen, verdichten sich nun in dieser Situation in London-Heathrow. Endlich ist die Maschine meines Vaters gelandet, endlich sehe ich ihn auf die sich automatisch öffnende Tür zukommen, ein kleines Köfferchen in der Hand, das jetzt von der rechten in die linke Hand wechselt, denn nun, auf den wenigen Metern, die er bis zur Sperre, hinter der ich stehe, zurücklegen muss, greift er mit der Rechten in die Innentasche seines Jacketts. Um Gottes willen, er wird mir doch nicht hier vor allen Leuten das Geld für ein Taxi vorstrecken wollen? Es ist aber nicht die Brieftasche, die er zückt. Zu meiner großen Verblüffung, und zur noch größeren Verblüffung der Umstehenden, zieht mein Vater zu unserer Begrüßung am Londoner Flughafen ein halbes Sandwich aus seinem Jackett, mit Schinken und einem Salatblatt belegt und notdürftig zurück in die Plastikfolie gestopft. Auf dem Flug hatte er nur die andere, mit Käse belegte Hälfte gegessen.

Die Liebe meiner Mutter

Die Kindheitsfotos aus Langeoog erzählen noch nichts von späteren Mutter-Tochter-Konflikten, auch wenn ich als kleines Kind gelegentlich brummig guckte, weil ich nicht fotografiert werden mochte. Es war die Zeit, in der mein Vater über mich notierte: »Sie weigerte sich neulich, gelobt zu werden. Sie sagte leidenschaftlich: ›Ich will frei sein!‹«

Zwei weißblonde Mädchen in gekräuselten Badeanzügen, die Eltern lachend und gut gelaunt, meine Mutter zum Teil sportlich in Shorts und ärmellosen Tops, mit Haarband oder leger gebundenem Tuch, zum Teil städtisch elegant, wie ich sie aus späteren Zeiten kaum in Erinnerung habe, im Hemdblusenkleid mit Perlenkette, mit Pumps und Handtasche beim abendlichen Dünensingen oder einem Ausflug mit der Pferdekutsche zur Meierei am Ostende der Insel. Zwischendrin auf Stippvisite aus Berlin der große Bruder, der alle nach nur einem Tag an Bräune übertraf, was meine Schwester, so ist ihren Kommentaren im Fotoalbum zu entnehmen, sehr ärgerte. Von dieser und anderen Enttäuschungen meiner Schwester bekam ich nichts mit, dafür war ich mit meinen vier Jahren noch zu klein. So hatte sich unser Bruder, zwanzig Jahre alt, mit einem Zimmermädchen zum Nachtbaden am Strand verabredet und unserer Schwester – elf – versprochen, sie zu wecken und mitzunehmen. Was er natürlich nicht tat. Er selbst erinnert sich auf Nachfrage weder an ein Zimmermädchen noch an eine Verabredung, geschweige denn an ein Versprechen irgendeiner Art, und leider auch nicht an ein nächtliches Bad.

Je länger ich die Fotos meiner Mutter betrachte, desto fremder erscheint sie mir. Nicht nur weil sie so ungewohnt schicke Klamotten trägt – einen wadenlangen Mantel mit großem Schalkragen, auch die Marlene-Dietrich-Hose mit Schlag würde ich sofort selbst anziehen. Hier hält sie mich zwar an der Hand, und auf einem anderen Bild, das meine Eltern und mich im Strandkorb zeigt, schmiege ich mich an sie. Aber mir fällt zu diesen Fotos keine einzige Geschichte, kein einziges Erlebnis ein, das mich mit meiner Mutter verbindet. Weder habe ich je einen Ausflug nach Helgoland mit ihr unternommen noch in einer Kneipe auf ein paar Würstchen gewartet. Kann es denn sein, dass die Episode in der Eisenbahn und die »Rabenmutter« am Strand meine einzigen Erinnerungen an meine Mutter und mich auf Langeoog sind?

Nach einem Besuch bei meiner Schwester und ihrem Mann in Münster, bei dem wir uns gemeinsam ihre Langeoog-Fotoalben angesehen und sie meine Erinnerungen um ihre ergänzt hat, will ich mich auf den Heimweg machen. Während ich meine Sachen packe, schmiert meine Schwester mir ein paar Käsebrote für die Fahrt. »Mutti hätte noch hart gekochte Eier dazugepackt«, sagt sie, als sie mir das Stullenpaket überreicht. Eier? Daran kann ich mich nicht erinnern. Überhaupt an keinen mütterlichen Proviant jenseits der Schulzeit. Dabei wohnte ich viel weiter entfernt als meine Schwester, erst in Heidelberg, dann in Hamburg, zwischendrin in London und Berlin. Und die beiden wurden für die kurze Strecke von Münster nach Lünen mit belegten Broten und hart gekochten Eiern versorgt? »Wir hatten mal gerade den Aasee erreicht, da wurden schon die Eier gepellt«, grinst mein Schwager.

Bemerkenswerter noch als diese neue Information finde ich meine eigene Reaktion. Genauer gesagt, das Ausbleiben derselben. Ein deutlicheres Zeichen dafür, wie alt ich geworden bin, kann ich mir kaum denken. In jüngeren Jahren hätte ich wohl doch einen kleinen Stich empfunden, Trauer, vielleicht sogar Empörung ob der Ungerechtigkeit. Jetzt amüsiert mich die Vorstellung, wie meine Schwester während der kurzen Autofahrt Eier pellt. Und wer weiß: »Vielleicht hast du entsprechende Angebote deutlich zurückgewiesen«, vermuten Schwester und Schwager.

Auf meiner Rückfahrt nach Hamburg, es gießt in Strömen und ich muss den Fuß vom Gaspedal nehmen, steigen Erinnerungen auf. Die Rückkehr damals nach der Freizeit im Haus Meedland auf Langeoog. Wir fuhren im Bus zurück und kamen verspätet in Münster an. Ein Grüppchen Eltern wartete am verabredeten Treffpunkt. Ein Grüppchen Eltern wartete? Ja, aber als der Fahrer mit uns von der Straße auf den ziemlich großen Hindenburg-(jetzt: Schloss-)Platz abbog – es handelt sich, laut Wikipedia, »um eine der größten innerstädtischen Freiflächen Europas« –, da löste sich aus der Elterngruppe in der Ferne plötzlich eine Gestalt. Lief, wild mit den Armen fuchtelnd, schräg über den Platz auf uns zu, musste aber alsbald, da der Bus dem vorgegebenen Straßenverlauf folgte, die Laufrichtung ändern, musste mehrmals umschwenken, schließlich hinter uns herlaufen. Oder hat unser Fahrer in Feierabendlaune ein paar Extraschleifen gedreht? Wie dem auch sei, er kurvte mit uns kreuz und quer über den Platz, und während alle anderen Väter und Mütter zivilisiert an der vorgesehenen Stelle standen, bis der Bus exakt vor ihnen zum Halt kam, lief dieser eine Mensch ungebärdig und wie eine Verrückte winkend im Zickzack, teils auf uns zu, teils hinter uns her. Es war, das lässt sich unschwer erraten, meine Mutter. Die Mädchen um mich herum kicherten, ich aber hätte diese Frau, deren Überschwang ich nicht teilte, auf den Mond schießen können. Konnte sie nicht einfach mit den anderen Eltern abwarten, bis wir uns bequemten auszusteigen und bereit waren, von den Eltern Notiz zu nehmen? Musste sie sich dermaßen zum Narren machen und mich mit blamieren?

Sympathisch eigentlich, wenn Eltern sich Spontaneität bewahrt haben. Aber eine Frau, die bereits einen Sohn großgezogen hatte und deren ältere Tochter der Pubertät auch längst entwachsen war, hätte doch wissen müssen, dass einem vierzehnjährigen Mädchen nichts peinlicher ist als übertriebene Gefühlsbekundungen der Mutter vor anderen Leuten. So misstraute ich der Wiedersehensfreude. Mischte sich nicht eigene Bedürftigkeit hinein, erwartete sie von der Tochter nicht etwas, was eine Tochter der Mutter nicht geben kann oder will?

Als Jugendliche habe ich mich oft gefragt, ob ich lieber eine andere Mutter hätte haben wollen. Aber die Mütter anderer Leute kamen auch nicht infrage. In meiner Generation hatten viele Kinder seltsame Eltern. Wir nahmen es so hin, aber im Nachhinein frage ich mich doch, wieso die Mutter einer Schulfreundin tagein, tagaus einen blauen Kittel trug und niemals aus dem Haus ging. Von einem Vater war zu hören, er laufe nachts stundenlang im Kreis um den Küchentisch herum und führe dabei Selbstgespräche. Beim Kindergeburtstag in einem weiteren Elternhaus holte ein Kind, das wie ich zu Gast war, einen bunt bemalten Kochlöffel aus der Schublade, wurde aber angewiesen, ihn wieder zurückzulegen. »Das ist doch der Popolöffel.« Wir spielten dann Topfschlagen mit einem einfachen Holzlöffel, der unverziert war.

Am Tag bevor meine Mutter starb, träumte ich einen merkwürdigen Traum. Darin war ich auch eine Mutter, aber nicht die, die ich in Wirklichkeit bin, die Mutter zweier Söhne. Im Traum hatte ich zwei Töchter. Mit meinen Töchtern musste ich durch endlos lange Höhlen und Tunnel wandern. Die beiden Mädchen hüpften und sprangen vor mir her über Stock und Stein, und ich konnte mit ihnen nicht mithalten. Immer wieder ermahnte ich sie zur Vorsicht, voller Furcht, es könne ihnen etwas geschehen. Rechts und links in den Tunnelgängen waren Türen zu erkennen, gelegentlich stand auch eine von ihnen offen. Dann tauchten ein paar Treppenstufen auf, die aus dem Berg heraus und hinunter auf einen Weg führten, in der Ferne Felder, Wiesen und Höhen. Es gab also Ausgänge aus dem Berg, die irgendwohin – ins Freie? Ins Leben? – führten, aber ich wusste, dass unser Ziel ganz am Ende dieses Tunnels lag.

Irgendwann waren meine beiden Mädchen verschwunden, und ich machte mir große Sorgen um sie, ahnte dann aber, dass sie wohl einen Ausgang aus dem Tunnel gefunden haben mussten. Vielleicht hatten sie keine Lust, den Weg jetzt weiter mit mir zu gehen, später würden sie wieder hinzukommen. So tröstete ich mich mit dem Gedanken, sie seien groß genug, um sich zurechtzufinden und auf sich selbst aufzupassen. Am Ende des Tunnels wollte ich auf sie warten.

In dieses Traumbild, diese Traumstimmung hinein läutete das Telefon und weckte mich auf. Am Apparat war meine

Schwester, die soeben einen Anruf aus dem Altersheim, in dem unsere Mutter lebte, erhalten hatte. Ein Pfleger hatte sie vor dem Bett auf dem Boden liegend gefunden. Mit dem Verdacht auf einen Oberschenkelhalsbruch hatte man sie ins Krankenhaus gebracht, dasselbe Krankenhaus, in dem vor langer Zeit ihre Mutter gestorben war, nach einem Oberschenkelhalsbruch.

Es war kurz nach halb neun, ein Mittwochmorgen, Herbstferien. Ich ging ins Badezimmer, und während ich mir die Zähne putzte, durchfuhr es mich. Mein Traum. Es war gar nicht so merkwürdig, wie ich beim Aufspringen und Zum-Telefon-Laufen noch flüchtig gedacht hatte, dass ich im Traum nicht zwei Söhne, sondern zwei Töchter gehabt hatte. Ich hatte den Traum meiner Mutter geträumt. Sie war es, die weiter ihren Weg in ein Dunkel hineingehen würde, während meine Schwester und ich uns noch absetzten, unseren Fluchtweg ins Helle suchten. Es war unsere Mutter, die sich um unseren Weg, nicht um den ihren sorgte und die, wo auch immer, auf uns warten würde.

Nach all den Jahren ist mir dieser Traum noch immer nah. Nah sind auch die letzten Momente mit meiner Mutter am Tag darauf. Unser Abschied im Fahrstuhl des Krankenhauses, im Beisein der beiden Schwestern, die sie zur OP abholten. Ich war mit dem ersten Zug nach Münster gefahren, traf sie noch in ihrem Krankenzimmer an, ein wenig verwirrt, sie wusste nicht genau, was ihr geschehen war.

Einige Wochen zuvor war das Wort Demenz gefallen, kein Alzheimer, eine kleine Multi-Infarktdemenz, sie selbst sprach von einem »Zwischenreich«, in dem sie sich jetzt befinde. So sagte sie mit Blick auf ein Foto unseres Vaters, das auf ihrem Sekretär stand, über ihren Mann, mit dem sie ein halbes Jahrhundert verheiratet gewesen war, dessen Sohn sie großgezogen und mit dem sie zwei Töchter hatte: Sie könne ihn sich nicht mehr vorstellen. »Ich weiß wohl, dass ich ihn sehr geliebt habe, aber als Figur ist er mir nicht mehr präsent.«

Ich empfand das damals als ihre größte Rache, die größte Schmach für unseren Vater. Nicht nur, dass sie ihn überlebt hatte. Nun vergaß sie ihn auch noch. Die Formulierung allerdings, mit der sie es ausdrückte, hätte von unserem Vater stammen können. In gewisser Weise, so kam es mir damals vor, passte dieses »Zwischenstadium« zu ihr. Ich bin nie einem Menschen begegnet, und kann mir keinen vorstellen, der so wenig von der Welt wissen wollte wie meine Mutter. Nun war sie da angelangt, wo das Weltfremde kein Makel mehr war.

Zum Abschiednehmen blieb uns an jenem Morgen nicht mehr viel Zeit. Denn kaum war ich bei ihr, kamen schon die beiden Krankenschwestern, um sie zur OP abzuholen. Wir hatten noch kaum gesprochen. Schon waren wir im Lastenfahrstuhl, mit uns die beiden fremden Frauen in grünen Kitteln. Ich nahm ihre Hand. Dankte ihr für ihre Liebe, dankte für alles, was sie für mich getan hatte. Und meine Mutter besaß trotz der Medikamente und der allgemeinen Verwirrung eine hellsichtige Präsenz. »Und ich möchte dir all das sagen, was eine Mutter ihrem Kind sagen will.«

Ich habe immer über die Klugheit dieses Satzes gestaunt. Ein Muttersegen, in den ich alles, wessen ich bedarf, hineinlegen kann.

Es waren die letzten Worte, die meine Mutter und ich wechselten. Wie ihre Mutter überlebte auch sie nicht die Operation.

An unseren Abschied dachte ich nun auf der Autofahrt, dankbar, dass ich ihn so erleben durfte, denn mit dem Tod meiner Mutter sind alle Schlacken in der Kommunikation, alle Entfremdung, alles Störende abgefallen. Geblieben ist nur mehr ein Gefühl der Liebe, das all die vorausgegangenen Gefühle in ihrer Hässlichkeit und oft auch Verzweiflung in sich aufgehoben hat. Es goss in Strömen, das Wasser pladderte auf die Windschutzscheibe, schwappte und spritzte, mein Scheibenwischer ging hin und her, und während sich immer neue Schlieren und Rinnsale bildeten, dachte ich an das Meer, an Ebbe und Flut, und welch gute Metapher das Meer abgibt für die Art und Weise, wie sich Gefühle – nicht verändern, obwohl natürlich auch das geschehen kann, aber mehr noch können sie sich neu zusammensetzen, neue Gestalt annehmen, sich wundersam purgieren und differenzieren.

Wundersam war auch, dass zusätzlich zu den Broten, die mir meine Schwester mitgegeben hatte, auch noch zwei hart gekochte Eier im Beutel auf dem Beifahrersitz steckten. Ich habe sie im Auto sitzend vor meiner Haustür verspeist, denn es ging nun auch in Hamburg ein solcher Wolkenbruch nieder, dass es nicht ratsam schien, in dieses Unwetter hinein auszusteigen. Um mich herum nur Wasser, ich kam mir ein bisschen vor wie in einem U-Boot unter dem Meer, ein bisschen auch, als ob ich geborgen im Mutterleib wäre. Ich bin seit je eine große Eier-Liebhaberin gewesen und habe in meinem Leben viele gekochte Eier verzehrt, diese aber waren die besten. Es macht nichts, dass meine Mutter mir auf den Langeooger Ferienfotos fremd erscheint. Sie wird am Ende gewusst haben, dass Liebe da war.

VERRAT

Inseltyp

Sie sind ein Inseltyp«, stellte der Mann im Reisebüro fest, als ich mich nicht entscheiden konnte, wohin ich eine Reise für die Familie buchen wollte. Kreta? Malta? Sardinien? Ich war verblüfft, aber es stimmte. Nie im Leben käme ich auf die Idee, eine Hütte an einem schwedischen See inmitten eines Waldgebietes zu mieten, umgeben von Mückenschwärmen. Ich buchte einen Urlaub auf Lanzarote.

Berge trennen, das Meer verbindet. Menschen, die in der Nähe des Meeres leben, haben weitere und freiere Herzen, so hoffe ich wenigstens. Das gilt sicher für die Menschen auf Palawan und an den anderen Weltmeeren auch, insofern mag es merkwürdig anmuten, dass ich mich auf Palawan so fehl am Platz fühlte. Einer der Gründe war, dass an eine Inselumrundung nicht zu denken war, denn es gab *No-go-Areas*, insbesondere im Inselsüden, wo das Auswärtige Amt vor Entführungen durch die islamistische Terrorgruppe Abu Sayyaf warnte. So hatte ich in meiner Hängematte das Gefühl, ich sei abgeschnitten von mir und dem Rest der Welt.

Vor allem aber war es das falsche Meer. Mein Meer, auch wenn ich mich wiederhole, ist die Nordsee, dieses kleine Randmeer des Atlantischen Ozeans, und der wahre Strand ist der weiße Sandstrand von *Langeoog, Langeoog, das niemals uns betrog.* Und auch ich habe es nicht betrogen. Oder doch?

Auf der Überfahrt nach Hallig Hooge warf ich seinerzeit eine Apfelkitsche ins Meer. »Wenn ich diese Kitsche jemals wiederfinden sollte, höre ich auf, dich zu lieben«, sagte ich zu dem jungen Mann neben mir an der Reling. Mit sechzehn ist man gelegentlich etwas pathetisch. Natürlich fand ich das abgeknabberte Kerngehäuse nicht wieder, dennoch hatte der Schwur eines Tages ausgedient. So bin ich also schon einmal wortbrüchig geworden und müsste wissen, wie leicht man sich verspricht und wie schnell ein Verrat über die Lippen geht. Aber ich habe es mir ein wenig anders zurechtgelegt. Sicher, die Lebenswege haben sich getrennt, und das war gut und richtig. Aber ich habe den Satz nie vergessen und auch nicht das Gefühl, das ich als junger Mensch dabei empfand. Solange man das Gefühl nicht ganz vergisst, hat man doch ein wenig die Treue bewahrt? Oder lüge ich mir da etwas in die Tasche?

Mit Baltrum, wo ich im August 1981 fürs Examen lernte, habe ich Langeoog jedenfalls nicht betrogen. Viel lieber wäre ich ja auf meine Lieblingsinsel gefahren, aber Langeoog war ausgebucht und so musste ich mich mit dem kleinen Eiland nebenan zufriedengeben. Nach dem Frühstück lief ich schnell mal um Baltrum herum, studierte tagsüber am Strand für meine Klausuren und blickte am Abend sehnsuchtsvoll übers Meer gen Langeoog.

Auch der Silvesterurlaub auf Amrum war kein Betrug an Langeoog, sondern bedeutete, wenn man so will, nur eine Erweiterung der bestehenden Liebe, wenn mein Freund und ich nach stundenlangen Strandwanderungen in die kleine Ferienwohnung zurückkehrten, in der wir die Schlafcouch nur ausklappen konnten, nachdem wir Koffer und Sessel vor die Tür geräumt hatten. Das erinnerte uns an eine Wohnung unterhalb des Langeooger Wasserturms, in der zwei schmale Pritschen jeweils mit der Kopfseite an der Wand befestigt waren. Wenn man sie herunterklappte und darauf lag, packte einen die Angst, die Pritsche könne jeden Moment hochschnellen und einen der Länge nach an die Wand klatschen. Wir lasen uns einen Krimi von Dorothy Sayers vor, in dem es permanent Kartoffelpuffer zu essen gibt, dazu wird Kaffee getrunken. Die Beschreibung war dermaßen suggestiv, dass wir selbst einen Jibber auf Kartoffelpuffer bekamen. Also ernährten wir uns von Reibeplätzchen aus der Tüte, die wir auf der kleinen Kochplatte in der Ferienwohnung brieten, aßen Apfelmus dazu und tranken sehr viel Nescafé. Drei Monate später fuhren wir nach Langeoog und setzten die Dorothy-Sayers-Lektüre dort fort.

Aber in jedem Paradies versteckt sich eine Schlange, in jeder großen Liebe lauert der Verrat. Warum hätte es mir in meiner Liebe zu Langeoog anders ergehen sollen?

Wangerooge

Eines schönen Tages erschien mir Wangerooge ein erstrebenswertes Ziel zu sein. Nicht wegen Wangerooge: Der Vater meines Kindes und ich hatten nette Menschen kennengelernt, deren Sohn so alt war wie unserer. Solche Kontakte fehlten in meinem Leben. Könnte es nicht vergnüglich sein, mit zwei Paaren und zwei Kindern an die See zu fahren, sodass die Kinder miteinander spielen und wir Erwachsenen uns in der Betreuung abwechseln und besser erholen konnten? Ich erzählte von Langeoog, aber die netten neuen Bekannten schwärmten von einer komfortablen Ferienwohnung auf Wangerooge, und Wangerooge sollte es denn für die Herbstferien sein.

Als die Reise näher rückte, stellte sich heraus, dass die neue Bekannte die Gunst der Stunde ergriffen und für die Herbstferienwoche eine Recherchereise nach Moskau geplant hatte. Das fand ich schade, aber ich konnte es ihr nicht verübeln, wusste ich doch nur zu gut, wie schwierig es ist, die Verantwortung für ein kleines Kind mit freiberuflicher Arbeit zu verbinden.

Als die Reise noch näher rückte, stellte sich heraus, dass der Vater meines Kindes zwar keine andere Reise geplant, aber vorsorglich vergessen hatte, Urlaub zu beantragen. Das fand ich schon nicht mehr so gut.

»Wir werden die Kinder bändigen, und wir werden uns

bändigen«, sagte der nette neue Bekannte. Und dass ein Freund von ihm uns und die Kinder mit dem Privatflieger von Hamburg nach Wangerooge fliegen würde. Nun wäre ich am liebsten selbst abgesprungen, nicht vom Flieger natürlich, sondern von diesem Projekt. Ich kannte den Freund des neuen Bekannten nicht und wusste nicht, ob er vielleicht ein draufgängerischer Fluganfänger war. Ein Flug von Hamburg nach Wangerooge im Oktober klang nach einer wackeligen Unternehmung. Aber ich traute mich nicht zu kneifen, und so war der Flug denn beschlossen.

Am Abend vor der Reise rief der nette neue Bekannte an. Erstens, der Flug sei abgesagt, da die Wetteraussicht zu stürmisch. Zweitens, seiner alten Mutter gehe es schlecht, er müsse dringend nach Konstanz und dort nach dem Rechten sehen. Ob es mir etwas ausmache, allein mit den Kindern auf Wangerooge zu bleiben? Er werde uns hinbringen und seinen Sohn noch mit einquartieren, dann von Bremen aus an den Bodensee fliegen. Tja. Meine hübsche Vorstellung: für ein paar Tage etwas entlastet zu sein, weil sich mehrere die Arbeit – und das Vergnügen – teilen würden, schien ins Gegenteil verkehrt. Der andere Junge, wie meiner vier Jahre alt, kannte mich praktisch nicht. Das konnte heiter werden.

Am Reisemorgen ging es dem Jungen nicht gut. Die Temperatur war erhöht, auch klagte er über Ohrenschmerzen. Auf der Autofahrt hing er schlapp in seinem Kindersitz. Als wir auf Wangerooge ankamen, war das Fieber auf vierzig Grad gestiegen und die heftige Mittelohrentzündung auch für Laien zu diagnostizieren. Und so habe ich mich einmal in meinem Leben in der Kunst, Nein zu sagen, geübt, auch wenn es mir verdammt schwerfiel. Aber die Verantwortung mochte ich nicht übernehmen, und so blieb der nette neue

Bekannte bei seinem Kind. Nach ein paar Tagen ging es dem Kleinen wieder besser, am Abend vor der Abreise kam auch noch der Vater meines Kindes hinzu, alles endete gut. Aber nach Wangerooge zieht mich nichts mehr, nicht einmal die friesische Pflaumensahnetorte im legendären *Café Pudding*. Es wurde um einen Bunker herumgebaut. Darüber hinaus hat Wangerooge nichts zu bieten, was Langeoog nicht auch hätte. Außer, dass es im strengen Sinne gar nicht zu Ostfriesland gehört, nicht einmal das. Aber das ist eine andere Geschichte.

Während ich dies schreibe, sitze ich auf meinem kleinen Balkon, der in der Sprache des Vermieters zur Loggia geadelt wurde, und freue mich daran, wie die untergehende Sonne mit kräftigem Farbenspiel durch das dichte Julilaub der Bäume im Innenhof leuchtet. Kaum noch kann man hinter den zum Urwald gewandelten Rotbuchen das Dach des dort in zweiter Reihe stehenden niedrigeren Hauses erahnen, aber ein Fitzelchen Sonnenuntergang wird in einem der schrägen Dachfenster gespiegelt. Das Wundervolle an Hamburg ist, dass man, wenn man am Abend gen Westen blickt, hinter allen Bäumen und Dächern immer das Meer sieht. Claudia Rusch behauptet in ihrem Buch über ihr Rügen Ähnliches über Berlin, da kann ich nur sagen, Chapeau! Dazu gehört deutlich mehr Fantasie. Ich habe niemals, auch nicht, als ich in West-Berlin lebte, hinter den Berliner Dächern die Ostsee gesehen. Gleich hinter Berlin beginnt die sibirische Steppe. Hamburg aber riecht nach Meer. Selbst die Alster setzt sich an manchen Tagen verwegen ein Schaumkrönchen auf und schwappt mit vorwitzigen Wellenausläufern an den Strand der Uhlenhorst, wo ich wohne. Im Winde klirren die Fahnen, man singt den Kindern vor dem Einschlafen *Winde*

wehn, Schiffe gehn vor, und wenn man mit ihnen ans Mittelmeer fährt, nennen sie es furchtlos »große Alster«.

Wegen Langeoog bin ich nach Hamburg gezogen, das ist
nicht übertrieben. Denn Langeoog, als die innere Heimat,
die sich in meinem Herzen herausgebildet hat, ist größer als
die reale Insel, größer auch als das Wort. Langeoog kann
eben auch Baltrum, Spiekeroog und Wangerooge umfassen,
es kann Amrum heißen, Föhr oder Sylt, Hallig Hooge oder
Röm, und, warum nicht, sogar Island. Rügen, Usedom oder
Palawan können, umgekehrt, niemals Langeoog heißen.

Und dann ist da noch Juist.

Juist Töwerland

Den eigentlichen Verrat meines Lebens beging ich an Langeoog, als ich fremdging mit Juist und Juist reizvoller fand. An dieser Stelle möchte ich vorbeugend Abbitte leisten. Liebe Roseninsel Langeoog, wenn du mich fragst, »Was hat sie, was ich nicht habe?«, so werde ich ehrlich antworten: Juist erinnert mich an dich. Juist ist so, wie du früher warst. Uriger, ursprünglicher. Die Fähre verkehrt noch tideabhängig und kommt nicht im Stundentakt, mit Tagesgästen beladen. Statt surrender Elektroautos sind Pferdefuhrwerke unterwegs. Im Internet ist zu lesen, dass 2013 der Antrag eines Juister Spediteurs zur Umstellung des traditionellen Pferdebetriebs auf Elektrokarren eine lebhafte Diskussion auslöste. Nachdem der Gemeindeverwaltung knapp 4000 Protest-Unterschriften gegen die Einführung von Elektrokarren übergeben wurden, lehnte der Gemeinderat den Antrag einer Juisterin auf Genehmigung eines Speditionsbetriebs mit Elektrofahrzeugen am Ende ab. Auch ein motorbetriebenes Schneeräumfahrzeug wurde nicht zugelassen. Die Standhaftigkeit wurde belohnt: Im selben Jahr war Juist mit 8861 Sonnenstunden der sonnenreichste Ort Niedersachsens.

Wenn man im Winter da ist und schräg gegenüber wird in der Straße zufällig gerade ein großes Hotel abgerissen, hört man morgens um sieben gedämpft durch den Nebel das Hufgeklapper der Pferde, die die Fuhrwerke ziehen, mit denen der Bauschutt abtransportiert wird. Das hat eine dermaßen entspannende Wirkung, da kann keine Thalasso-Therapie und kein Ayurveda-Angebot mithalten. Alles erscheint einen Takt ruhiger, störrischer, weniger angepasst. Es gibt weniger Ecken und Häuser, die an Gütersloh erinnern. Dafür gibt es die Juister Brötchensäge und das Geheimnis des siebten Längengrades sowie das Rätsel, wer sich hinter dem Bart des heiligen Nikolaus verbergen mag. Es gibt Memmertfeuer und Maibaum, es gibt die einzigartige Spezies der Juister Hupfdohlen und das Erfolgsgeheimnis von Antjemöh. Ach, Juist *Töwerland*, die magische Insel, das Zauberland, die »schönste Sandbank der Welt«. Wie hätte ich da widerstehen können? Aber keine Angst, Langeoog, du Schöne, auch du hast etwas, was Juist nicht hat, dazu komme ich später.

Im Januar 2005 war ich als *Tatort Töwerland*-Stipendiatin für zwei Wochen nach Juist eingeladen. Dieses Ministipendium für Krimiautoren war damals gerade erst frisch aus der Taufe gehoben worden vom Juister Buchhändler Thomas Koch und der auf Juist aufgewachsenen und damals noch dort lebenden Kollegin Sandra Lüpkes. In Thomas Vodde, dem Leiter der Juister Kurverwaltung, hatten sie trotz der anfänglichen Skepsis aufseiten der Insulaner einen Unterstützer gefunden. Ich war erst die Zweite, die in den Genuss dieses Stipendiums kam – zwei Wochen freie Kost und Logis auf der Insel. Vor mir war als Erster Jürgen Kehrer, der Vater der Wilsberg-Krimis, dort gewesen. Wenn ich genau hinsah, entdeckte ich noch seine Fußstapfen im Sand.

Und so nahm das Verhängnis seinen Lauf und ich verliebte mich in Juist, trotz einiger Hindernisse, mit denen, so stelle ich mir vor, ein auf Langeoog spezialisierter Schutzengel vergeblich versuchte, meinen Treuebruch zu verhindern. Am Tag vor der Reise, der Koffer war schon gepackt, legte ein Sturmtief den Fährverkehr von Norddeich Mole auf die Insel lahm, und ich konnte noch nicht fahren. Dann brach sich die Wirtin der Pension, in der ich verköstigt werden sollte, ein Bein. Und obendrein kam nachts mein Jüngster mit Blaulicht und viel Tatütata ins Krankenhaus und blieb dort drei Tage. Zum Glück sollte sich der Verdacht auf Blinddarmentzündung nicht bestätigen, die Ärzte befanden schließlich auf einen besonders schweren Fall von *Meteorismus*. Wer nicht weiß, was sich hinter dieser Diagnose verbirgt, schlage das Wort nach. Ich kannte es auch nicht, der Überraschungseffekt beim Lernen dieser ansprechenden neuen Vokabel sei hier nicht zerstört.

Schließlich fügte sich aber doch noch alles zum Besten. Ich reiste ein paar Tage später an, um dafür auch ein paar Tage länger zu bleiben. Das Schiffchen ging nicht unter, und es gab sogar Kaffee an Bord. Daheim das Kind war wieder gesund und munter. Da ich in der ursprünglich vorgesehenen Pension (wo es sicher auch sehr nett gewesen wäre) nun nicht verköstigt werden konnte, und da im Januar viele Hotels und Restaurants auf der Insel geschlossen haben und die Insulaner im Urlaub auf Teneriffa weilen, erhielt ich ein kolossales Upgrade. Ich wohnte in der gemütlichen Ferienwohnung Kajüte, wo mich selbst die Trauerfeierlichkeiten um Rudolph Moshammers Tod im Fernsehen nicht schreckten, und dinierte im Restaurant des 4-Sterne-Superior Romantik-Hotels Achterdiek. Zwischen den Gängen verschickte ich die erlesensten Menüpläne in alle Welt, von denen ich hier als Kostprobe nur das Galamenü vom 22. Januar 2005 zitieren möchte: Halber Hummer – kalt – aus dem Gemüsesud mit zweierlei Saucen und Baguette ⁘ Erbsenschotensuppe mit Einlage ⁘ Nordsee-Steinbuttfilet in Rieslingsauce mit grünem Spargel und Salzkartoffel ⁘ Hausgemachtes Holundersorbet mit Sekt ⁘ Rosa gebratenes Medaillon vom Hirschkalbsrücken in Cassissauce mit Blaukraut und Schupfnudeln ⁘ Zweierlei Mousse von der Valrhonaschokolade im Saucenspiegel …

Am liebsten hätte ich die Mousse mit der Zunge vom Teller geschleckt und dazu laut »Es lebe die Kriminalliteratur!« gerufen. Aber ich wusste mich zu beherrschen. Zum Abschluss hielt ich mich – Seeluft macht hungrig – an diverse Käsesorten vom Brett.

Allerdings hatte ich ein kleines Problem. »An der See gibt es kein schlechtes Wetter, sondern nur unpassende Kleidung.« Was packt man also ein, wenn man im Januar zum Schreiben an die Nordsee fährt? Ich hatte mich für zwei Jeans (falls eine mal nass wird), eine Lederhose (warm und winddicht) und drei Rollkragenpullover entschieden. Garderobe für Galamenüs hatte ich nicht eingeplant. Der Mann schickte mir mit der Post einen Hosenanzug und ein Blüschen und erklärte mir am Telefon, wie man standesgemäß einen Hummer zerlegt. Nach einiger Zeit sollte mich noch ein zweites Problemchen belasten: Erst hatte ich nicht die passende Kleidung, dann passte mir die Kleidung nicht mehr. Am vorletzten Abend begnügte ich mich daher mit dem Wellness-Menü zu 1001 Kalorien. Es gab Grünkernrisotto mit Malzbierzabaione und Gemüse, zum Dessert Joghurt mit Orangenfilets.

Vor meiner Abfahrt hatte mir die befreundete Kollegin Hilke Rosenboom, aus Juist gebürtig, einen wertvollen Tipp gegeben, der auch für Langeoog gilt: Wichtigstes Requisit im Winter am Strand ist eine Skibrille. »Man sieht aus wie eine Wespe, auch ohne Wespentaille«, sagte Hilke, als hätte sie schon geahnt, dass ich exzellent speisen würde. Anfangs hielt ich ihren Ratschlag für einen Witz. Aber wenn einem der Wind den Sand (und anderes, was so am Strand herumfliegt) um die Ohren und vor allem über die Nase pustet, kommt die Brillenträgerin tatsächlich nicht ohne Skibrille aus. Selbst beim Orkan am letzten Wochenende (»Der Wind weht frisch aus nordwestlicher Richtung«, hatte es im *Deichkurier*, der allmorgendlichen Hotelpostille, mit leichtem Understatement geheißen) ging ich noch am Strand spazieren, als Einzige weit und breit. Dabei machte sich ein weiterer Vorteil der Skibrille bemerkbar: Hasenfüßig veranlagten Krimischreiberinnen wie mir, die sich an einsamen Stränden vor wilden Hunden oder wilden Männern fürchten, verleiht solch eine Brille ein einzigartiges Sicherheitsgefühl. Mit diesem Ding auf der Nase schlägt man jeden Angreifer in die Flucht. Und manchmal erschrickt man vor sich selbst, beim Blick in den Spiegel.

Dermaßen gestärkt und erholt, konnte mich dann auch mein Laptop nicht schrecken. Ich weiß nicht, wann ich es tat – jedenfalls nicht während der Zeit fürs tägliche Mittagsschläfchen –, aber unterm Strich war ich recht produktiv in jenen zwei Wochen und arbeitete weiter an meinem weiblichen Faust-Roman, *Marthes Vision*. Nebenbei schrieb ich die schon erwähnte Kurzgeschichte, die sinnigerweise auf dem Dünenfriedhof von Langeoog spielt, und las für die Inselkinder und abends auch die Erwachsenen. Ich genoss Ostfriesentee und den hausgebackenen, dick geschnittenen und dick mit Butter bestrichenen Rosinenstuten in der Domäne Bill, traute mich aber leider nicht in jene Kneipe, in der

der Wirt Touristen angeblich nicht nur nicht bediente, sondern auch noch mittels einer Nebel erzeugenden Maschine kurzfristig handlungsunfähig machte. Das hätte ich zu gerne erlebt und wünschte daher, man hätte mich nicht gewarnt. Nun konnte ich nicht mehr unbefangen einkehren wie die legendäre Touristin vor mir, die sich nach einer Strandwanderung dort hineingewagt und gefragt hatte, ob sie mal die Toilette benutzen dürfe. Und oh Wunder, der Wirt hatte es ihr gewährt. Ich beneidete sie sehr.

Mit Ablauf des Stipendiums buchte ich einen Sommerurlaub für die ganze Familie.

Meeresleuchten

Als Kind hatte ich das berühmte Meeresleuchten auf Langeoog leider nicht erlebt, ich war angeblich noch zu klein und so ließ man mich schlafen und ging ohne mich hin. Wie habe ich mich darüber gegrämt. In späteren Jahren war, wenn ich da war, entweder das Wetter nicht richtig oder ich war zur falschen Jahreszeit dort. So kenne ich das sagenumwobene Meeresleuchten nur aus der Literatur und Erzählungen meiner älteren Schwester.

Auch in den Sommerferien auf Juist, die dem Krimistipendium folgten, habe ich es verpasst. Nach einer Reihe warmer Sommertage waren die Bedingungen ideal: Inzwischen wusste ich natürlich, dass Meeresleuchten durch Mikroorganismen ausgelöst wird, die bei Berührung Lichtsignale aussenden. In Wahrheit leuchtet also nicht das Meer, es sind die kleinen Lebewesen darin, wie zum Beispiel Dinoflagellaten, Einzeller, die zu den Algen gezählt werden. Die profane Erklärung der Biolumineszenz ändert freilich nichts daran, dass es sich um ein magisch anmutendes Phänomen handeln muss – als wäre man eine Meerjungfrau und schwömme durch flüssiges Silber, so hatte es mir meine Schwester als Kind beschrieben. Und nun verkündete meine liebe Freundin Hilke, dass es in der folgenden Nacht dazu kommen könnte. Sie verbrachte den Sommer mit ihrer Familie ebenfalls auf Juist und wir trafen uns oft zum Baden oder gemeinsamen Essen. Hilke arbeitete damals an einem Buch, schrieb oft bis spät in die Nacht und wollte danach an den Strand gehen und nachschauen. Hoch und heilig versprach sie, mir Bescheid zu geben, sollte das Meer leuchten. Wieso habe ich nur tatenlos auf ihren Anruf oder ihre SMS gewartet? Warum bin ich nicht einfach selbst an den Strand gegangen? Am folgenden Morgen schwärmten alle vom Meeresleuchten, nur ich hatte es durch eigene Faulheit und Blödheit versäumt. Aber die Selbstanklage greift zu kurz, ebenso wie die Ausrede, dass nun ich mein Kind nicht aus dem Schlaf reißen wollte. Verhält es sich nicht eher so, dass ich das Meeresleuchten in Wahrheit gar nicht mehr erleben möchte? Ich habe mich so heftig danach verzehrt, als ich jung war, ich stelle es mir dermaßen geheimnisvoll und in höchstem Maße beglückend vor, dass ich nicht nur Gefahr liefe, maßlos enttäuscht zu werden. Schlimmer noch: Es bliebe im Leben zu wünschen dann nichts mehr übrig. Nein, das Meeresleuchten muss eine geheime Chiffre bleiben für etwas Großartiges, das eines Tages noch kommt.

So oder so wird mich diese Sehnsucht für immer mit Hilke verbinden, die schon wenige Sommer darauf, viel zu früh, mit 51 Jahren in Hamburg starb. Immerhin, einen Juli lang saßen wir gemeinsam am Strand und sahen unseren Söhnen beim Wachsen zu. Sie sei dankbar, noch einmal ein solches Glück im Leben gefunden zu haben, sagte sie; nach dem frühen Tod ihres ersten Kindes hatte sie das nicht mehr für möglich gehalten. Damals konnten wir nicht ahnen, wie kurz auch dieses Glück bemessen sein sollte.

Nachdem sie viele Jahre als Reporterin für den *STERN* unterwegs gewesen war, hatte Hilke seit 1997 als freie Autorin gearbeitet und als eine der ersten sogenannte *All Age-*

Titel geschrieben, fantasievolle Bücher für Kinder und Erwachsene wie *Das falsche Herz des Meeres* oder *Die Teeprinzessin*. Zu Recht bezeichnete die *Süddeutsche Zeitung* sie als einen »Glücksfall für die deutsche Kinder- und Jugendliteratur«. Für mich war ihr zu begegnen ein Glücksfall. Als wir uns im November 1987 bei einem Autorenseminar kennenlernten und ich unterdes mit einem Jugendbuchpreis ausgezeichnet wurde, freute sie sich aufrichtig und ganz ohne Neid mit mir. Und sogar Langeoog brachte sie auf neue Weise in mein Leben, als sie mich – von Juist aus – einem der beiden Initiatoren und wissenschaftlichen Leiter der Fortbildungswochen für Psychiater und Psychotherapeuten des Kindes- und Jugendalters empfahl, die alljährlich auf Langeoog stattfinden und in deren Rahmenprogramm sie gerade eine Lesung gehabt hatte. So wurde ich nach Langeoog eingeladen, und das nicht nur einmal, sondern auch in allen Jahren, die seitdem gefolgt sind. Und so schloss sich der Kreis und führte mich von Juist wieder zurück nach Langeoog.

Bei einer Gedenkfeier für Hilke im Hamburger Literaturhaus las ich Hilke Rosenbooms Text *Wie finde ich den Juister Strand?* vor. Darin kehrt die Erzählerin nach fünfundzwanzig Jahren, in denen sie die Welt bereist hat, wieder an den Heimatstrand zurück. Wie sehr hat sie als Sechzehnjährige danach getrachtet, dort wegzukommen:

> »Noch eine Stunde bis zur Abfahrt des Schiffes,
> dann fängt endlich mein Leben an. Ich werde das alles
> hier hinter mir lassen. Ich will mein Abitur machen,
> studieren, die Welt bereisen, alles aufschreiben, was
> ich sehe. … Ich weiß, dass ich das alles nicht mehr länger ertrage. Die keksdosenstillen Sonntagnachmittage

im Winter nicht. Und auch nicht die einsamen Streifzüge durch die windigen Dünen. Den Sand in den
Schuhen nicht. Ich will vor allem diesen verdammten
endlosen Strand niemals mehr wiedersehen. Das
schwöre ich mir. Und dann vergesse ich den Schwur.«

Ich musste zu Hause lange üben, bis ich es schaffte, den Text
zu lesen, ohne dass mir gegen Ende die Tränen kamen und
die Stimme zittrig wurde. Meine Söhne mussten als Publikum herhalten und hörten mir kritisch zu, wofür ich ihnen
sehr dankbar bin. Niemand ist strenger als die eigenen Kinder, und es dauerte, bis sie mit mir zufrieden waren. Ob mein
jüngerer Sohn verstanden hat, wovon im Text die Rede ist,
wenn die Erzählerin sagt, sie habe am Juister Strand »vor
langer Zeit etwas Schönes im Sand verloren«?

Als »Nachfahrin stolzer Seemannswitwen, wie alle ihre
Vorfahrinnen«, besaß Hilke die Gabe der Spökenkiekerei und wusste die spannendsten, angeblich selbst erlebten
Spuk- und Voodoo-Geschichten zu erzählen. Bei der Ge-
denkveranstaltung fragte ich die Kollegin Cornelia Franz,
ob sie das Interesse an übernatürlichen Phänomenen mit
Hilke geteilt hätte. Sie glaube nicht an Spökenkiekerei und
auch nicht an ein Jenseits, sagte Cornelia. »Aber wenn es jemanden gibt, der es schaffen könnte, nach dem Tod weiter-
zuleben, dann ist es Hilke.«

Unbedingt. Von allen Freundinnen und Freunden, lebenden wie toten, ist sie diejenige, die ich wirklich vermisse
und mit der ich manchmal in meiner Küche, wenn ich warte, dass das Teewasser kocht, ein paar Worte wechsele. Im
Juister Sommer aber trauerten mein jüngerer Sohn und ich
nicht nur dem uns entgangenen Meeresleuchten hinterher.

An einem heißen Sommertag gingen wir ins Inselkino und sahen uns zur Abkühlung einen alten Film über Sturmfluten an der Nordsee an. Im Juister Kino gibt es einen besonderen Service am Platz: Man schaltet ein kleines Lämpchen ein, dann kommt jemand und man kann sein Herrengedeck oder Damengedeck oder Eiskonfekt bestellen. So weit, so fein. Irgendwann aber flimmerte eine Aufnahme des Langeooger Wasserturms über die Leinwand. Bei diesem Anblick verspürten wir beide einen Stich im Herzen. Wir gestanden es uns hinterher gegenseitig ein: Wir vermissten den Wasserturm und fühlten uns schuldig. Und so gaben wir uns das Versprechen: Nächstes Mal fahren wir wieder nach Langeoog.

BEGEGNUNGEN UND WEGE

Zum Wasserturm

Die Langeooger Insel ist unser Ferienziel. / Wir sehen sie schon liegen vom Hafen Bensersiel. / Hallihallo wir fahren, wir fahren in die Welt (ohne Geld), / hallihallo wir fahren, wir fahren in die Welt …«

Ein weiteres Lied, im Kanon zu singen, das wir bei Herrn Stein lernten und das mir an diesem silberhellen Spätsommertag auf der Autofahrt Richtung Langeoog und Wasserturm in den Sinn kommt. »Das Ziel liegt an einer nur schwer befahrbaren Straße«, vermeldete das Navi in früheren Jahren. Aber die Strecke ab Hamburg ist einfach zu merken: Bremen, Oldenburg und dann ein Stück weiter Richtung Wilhelmshaven, bis sich die Landschaft weitet und man mit der Zauberformel Wittmund, Jever, Schortens die Autobahn verlässt. Licht und blau steht der Himmel über dem Land. Schon für diesen Moment hat sich die Fahrt gelohnt. Nun kann man den Fuß vom Gas nehmen und muss es meistens auch, da ein vorausfahrender Trecker oder ein nicht zu überholendes Wohnmobil den nachfolgenden Verkehrsteilnehmern Geduld auferlegen. In Gedanken feiere ich Wiedersehen mit allerlei famosen Ortsnamen, die ich bereits für Figuren in Kurzgeschichten verwandte, aber seitdem wieder vergaß, Birgit Groß-Ippener zum Beispiel, Sabine Münkeboe oder Ulla Upgant-Schott. Auch halte ich Ausschau nach neuen verwendbaren Namen.

Und schon hat man den Fähranleger von Bensersiel erreicht, seinen Koffer für die Überfahrt eingecheckt und kann das Auto auf dem Platz für Langzeitparker abstellen. Während ich nach einer Lücke Ausschau halte, schärfe ich mir ein, dass ich mir die Buchstabenreihe merken muss, bei der das Auto steht, damit ich bei der Abfahrt nicht wieder, wie einmal geschehen, zwar gut erholt, aber orientierungslos auf der Suche nach meiner Karre über den Parkplatz irre.

Apropos Abreise: Dann wird man, wie die Urlaubsrückkehrer, die jetzt das Schiff verlassen, in Shorts und kurzärmeligem T-Shirt herumlaufen, den Pulli allenfalls locker über die Schultern drapiert, während man sich auf der Überfahrt jetzt noch mit Sweater, Schal, Kapuze vor Wind und Kälte schützt. Aber nach wenigen Tagen auf der Insel zählt man selbst wieder zu den Abgehärteten und wird die eingemummelten, blassen Neuankömmlinge mit Mitleid und leicht überheblich betrachten. Auch sonst muss ich mich auf Langeoog ja leider vor Überheblichkeit schützen und dem, was ich für eine meiner ärgsten Charakterschwächen halte, der Besserwisserei. Der Fluch der Lehrerstochter, aber ich gebe zu, es fällt mir schwer, mich zurückzuhalten, wenn ich höre, wie jemand den Langeooger Wasserturm als einen Leuchtturm bezeichnet. (Eigentlich, so rechtfertige ich mich, ist es ja nicht mein Fehler, wenn andere sich so oft irren ...)

Zum Wasserturm, dem Wahrzeichen der Insel, führt stets der allererste Gang. Das muss man aber nicht besonders planen, es geschieht automatisch. In den Jahren 1908/1909 erbaut, diente er bis Ende der 1980er-Jahre als Seezeichen und Wasserreservoir und sorgte für die Regulierung des Wasserdrucks in den Haushalten der Insel. 1994 und bald darauf, zum hundertjährigen Jubiläum 2009 noch einmal, wurde er aufwendig renoviert, die Zahlen sind überall nachzulesen. Auf achtzig Stufen gelangt man in seinem Inneren auf die Plattform hinauf, von wo aus sich ein weiter Blick in alle Himmelsrichtungen bietet. Bei klarer Sicht kann man bis nach Helgoland gucken, es empfiehlt sich also, die Besichtigung nicht unbedingt für einen Regentag aufzusparen. Was wir allerdings im Mai 2000 taten, als ich mit einer Bekannten nach Langeoog reiste. Vor der Reise hielt ich sie noch für eine Freundin, doch brachten mich ein paar gemeinsame Tage auf Langeoog ins Zweifeln. Sie war damals beruflich sehr gefordert; ihr Rücken war der am zweitmeisten verspannte auf der Insel. Der verspannteste gehörte nach Aussage des Masseurs, den sie aufsuchte, dem Bundesfinanzminister. Dass der Politiker, der sich zeitgleich mit uns ein paar Urlaubstage gönnte, noch mehr Stress gehabt haben sollte als sie, schien sie ernsthaft zu wurmen. Über dieses Konkurrenzdenken in puncto Rückenverspannung konnte ich noch schmunzeln. Erst in der Warteschlange vor dem Wasserturm wurde mir das Ausmaß der Entfremdung bewusst.

Es fisselte leicht, eine Turmbesteigung war mir als erholsame Abwechslung erschienen. Ein paar Treppenstufen erklimmen, den Blick in die Weite schweifen lassen, nebenbei ein wenig »Kultur« tanken. Ähnlich hatten auch andere Leute gedacht. Vor dem Wasserturm wartete bereits ein Grüppchen, sechs, sieben Menschen waren vor uns dran. Die Zahl der Besucher, die auf die Plattform durften, war begrenzt, ich glaube, auf jeweils zehn Personen.

Die Kinder – ihre Tochter, mein jüngerer Sohn – waren vergnügt, mit den Feriengästen in der Warteschlange ließ es sich plaudern, der leichte Maienregen war gut für den Teint. Nur meine Bekannte konnte der Situation nichts abgewinnen. Nachdem sie eine Zigarette geraucht hatte, fragte sie allen Ernstes, ob es nicht einen VIP-Zugang gebe. An der Seite des Turms vielleicht? Damit konnte der Langeooger Wasserturm leider nicht dienen.

Vor einigen Jahren habe ich allerdings zwei Menschen kennengelernt, die sogar einmal im Turm diniert haben. Leider lag das Galaessen, das ihnen auf dem Treppenpodest vorm Fenster serviert wurde, damals im Mai noch in ferner Zukunft, sonst hätte ich die Wartezeit in der Schlange verkürzt, indem ich für die Umstehenden das mehrgängige Menü mit Hummer, Garnelen, Lachs und anderen Köstlichkeiten genüsslich ausgemalt hätte. Unfreiwillig hat meine Bekannte mit ihrer Frage für alle Zeiten meine Entspannung und Entschleunigung auf der Insel enorm gesteigert. Wann immer ich den Wasserturm sehe, versetzt mich der Gedanke an einen VIP-Zugang für speziell wichtige Leute in gute Laune. Und wer weiß, vielleicht kommt die Inselgemeinde ja eines Tages noch auf diese Idee?

Am Strand. Zum Hafen. In den Dünen

Wenn man schon einmal in der Nähe des Wasserturms ist, stattet man natürlich der Inselbuchhandlung Krebs unterhalb des Turms einen Besuch ab oder guckt zumindest, was Suntje Krebs im Schaufenster liegen hat. Auch wenn Weihnachten noch weit hin zu sein scheint, erstehe ich bei meinem diesjährigen Besuch gleich drei Adventskalender, die der Inner Wheel Club Langeoog herausgegeben hat und die wie ein Gewinnspiel funktionieren. Ich gewinne nie in Lotterien, aber vielleicht haben ja meine Söhne mehr Glück. Und auch ich werde im Dezember jeden Tag beim Öffnen eines neuen Türchens auf einen Gewinn hoffen und mich ansonsten am Motiv – Lale-Skulptur unter der erleuchteten Laterne, Wasserturm und Weihnachtsbaum mit Lichterschnur – in meiner Küche erfreuen. Dort hängt bereits ein anderer Langeoog-Kalender, den die dortigen Rotarier zur Unterstützung der Aktion »End Polio Now« auflegten und den ich während der Ärztetage zum Geburtstag geschenkt bekam. *Kalender-Boyche* zeigt zwölf Langeooger »mit Herz und ohne Hose«, witzige Fotografien, auf denen die Herren jeweils in Verbindung mit ihrem Beruf oder Hobby abgelichtet sind. Der Inselmaler Anselm etwa hat sich geschickt hinter seine Staffelei gestellt, der Kino-Besitzer Rolf Zimmermann sitzt im Vorführsaal des Windlichts mit einer großen Tüte Popcorn im Schoß, die das Intimste dezent verbirgt, der Inhaber des Langeooger Getränkeshops, Rüdiger Schmidt, steuert sein aus zwei Weinfässern gebautes Floß stehend, nur mit einem Südwester bekleidet, durchs Watt. An diesem glücklicherweise immerwährenden Kalender erfreue ich mich nun schon seit Jahren. Jetzt, im September, nimmt gerade Kim Björn Streitbörger vom Hotel Norderriff in einer alten Badewanne bei Ebbe in der Nordsee ein Schaumbad, ein Sektglas in der Hand. Soll keiner sagen, die Norddeutschen hätten keinen Sinn für Humor.

Und weiter geht es Richtung Strand, vorbei am Toilettenhäuschen, das in meiner Kurzgeschichte *Und unsereiner zieht den Bollerwagen oder: Schnee am Strandabschnitt E* eine Rolle spielt. Sie handelt von einem jungen Ehemann, dessen Begehren nach ehelichem Vergnügen von Töchterchen Klein Klara empfindlich ausgebremst wird. Mit der Geschichte schrieb ich mir, mit Augenzwinkern, versteht sich, die Verachtung fürs Nordseeheilbadgemäße von der Seele, die ich in meinen zwanziger Jahren empfand.

Nordseeheilbad-Biedermeier hin oder her, inzwischen habe ich mich längst damit versöhnt und freue mich an den Erinnerungen, die mir beim Spaziergang in den Sinn kommen. Schon habe ich mir Schuhe und Strümpfe ausgezogen und bin vor zur Wasserkante gelaufen. Ungefähr auf dieser Höhe habe ich als Achtzehnjährige einmal eine Proviantkiste des amerikanischen Militärs aus dem Zweiten Weltkrieg gefunden, die von der Flut angespült worden war. Sie enthielt Konservendosen mit Cornedbeef, Brot, weißen Bohnen, Tuben ich weiß nicht mehr welchen Inhalts, und Hershey Bars, jene Schokoladenriegel, von denen ich im Jahr zuvor, das ich in einem amerikanischen Internat verbracht hatte, so manche gefuttert hatte. Leider hatte ich weder eine

Tasche noch einen Rucksack bei mir, und ich konnte die Kiste nicht einmal hochheben, geschweige denn tragen. Ich winkte Leute herbei, die aus der Ferne neugierig herübergeschaut hatten, und überließ ihnen den Fund. Im Nachhinein habe ich mich geärgert, nicht wenigstens ein Erinnerungsstück mitgenommen zu haben, einen Hershey-Riegel zum Beispiel oder eine Dose.

Der Kistenfund sollte jedoch nicht das einzige denkwürdige Erlebnis auf dem damaligen Herbstspaziergang bleiben. Schon war ich weitermarschiert, am Spülsaum entlang. Irgendwann zog ein Pferdefuhrwerk an mir vorbei. Die Leute darauf, mehrere ältere Ehepaare, winkten mir zu. Ich erwiderte den Gruß. Nun winkte auch der Mann auf dem Kutschbock: »Hallo, Inge!«

Ich grüßte zurück, da hatte er die Pferde schon abgebremst und die Kutsche zum Stehen gebracht. »Komm rauf, Inge!«

Ganz im Gefühl, ein witziges Abenteuer zu erleben, kletterte ich zu den anderen Gästen hoch und nahm Platz. »Wie geht's dir, Inge? Lange nicht gesehen.«

Ich stellte mich vor, »Hallo, ich bin Regula«, aber der Mann blieb dabei, mich als Inge anzureden, und die älteren Ehepaare dachten, wir kennten uns persönlich. Egal. Ich freute mich über die kostenlose Tour mit der Kutsche, die jetzt in Richtung Dorf den Strand verließ. Nach und nach setzte der Kutscher die Ehepaare an ihren Quartieren ab, auch ich wollte aussteigen und mich für die Mitnahme bedanken, aber »Nichts da, Inge!«, jetzt würden wir zusammen einen Schnaps trinken. In solchen Situationen zögere ich nicht lange, was sollte mir auf Langeoog schon passieren? Inzwischen nenne ich es Recherche, damals war es Abenteuerlust, und so winkte ich den anderen Gästen zum Abschied noch einmal zu und machte es mir auf meiner Holzbank bequem.

Die Fahrt führte zur Kneipe am Hafen. Und schon saß ich hinter einen Tisch gequetscht auf einer Eckbank, der Kutscher rechts neben mir, ein anderer alter Kerl auf der anderen Seite, und trank mit den Männern Schnaps. Nach der ersten Runde bedankte ich mich und wollte aufstehen, aber »Nichts da, Inge!«. Ich wurde auf den Sitz zurückgedrückt, die zweite Runde bestellt. Dieses Spiel sollte sich noch ein paarmal wiederholen. Selbst der Vorwand, ich müsse mal aufs Klo, nützte nichts. »Du bleibst hier, Inge!« Von der Frau, die mich mit verächtlichen Blicken bedachte, wenn sie den Schnaps brachte, war keine Hilfe zu erwarten, soviel war mir klar. Ich muss schon eine mittlere Alkoholvergiftung gehabt haben, da ließen die Aufmerksamkeit und Reaktionsgeschwindigkeit des Kutschers endlich nach und es gelang mir, aus meiner Ecke zu entkommen. Mit dem Gefühl, um mein Leben zu laufen, floh ich Richtung Wäldchen. Immer wieder sah ich mich um, und dann, ich hatte schon ein gutes Stück Weges zurückgelegt, trat das Befürchtete ein: Weit hinter mir tauchte die Kutsche auf. Bis zum Ort würde ich es nicht schaffen, bis dahin würde sie mich eingeholt haben. Ich schlug mich ins Gebüsch und duckte mich. Da ich mich mit Tieren wenig auskenne, war meine größte Sorge, ob die Pferde mich vielleicht wittern könnten, ob sie anschlagen würden, so wie Hunde es täten. Mit einem Mal hatte mich die Angst wieder nüchtern gemacht.

An das Herzklopfen, als das Fuhrwerk langsam näher kam, kann ich mich noch erinnern. Ich wagte kaum zu atmen. Doch die Pferde zogen, ohne mich zu verraten, vorbei, sie kannten den Weg nach Hause, und der Alte auf dem

Kutschbock stierte vor sich hin und hatte mich längst vergessen und Inge vielleicht dazu. Ich wartete noch eine ganze Weile ab, bis ich mich aus meinem Versteck hervorwagte und den Heimweg antrat. Dort waren mein Freund und seine Göttinger Kommilitoninnen, mit denen wir die Ferientage verbrachten, dabei, die Muscheln zu kochen, die sie am Nachmittag gesammelt hatten. Die Mädchen aus Göttingen glaubten mir meine Abenteuer nicht, doch das war mir, die ich heil davongekommen war, herzlich egal. Aber der GI-Kiste trauere ich bis heute nach und wüsste noch immer gern, wer Inge war und was aus ihr geworden sein mag.

Auf dem heutigen Rückweg führt mich mein von Erinnerungen begleiteter Strandspaziergang durch die Dünen, in Vorfreude auf den Milchreis mit Zucker und Zimt bei »Ulli's Kiosk« – der Apostroph im Namen gehört dazu wie das Sandkorn im Milchreis. Hier, in den abgelegenen Dünen, habe ich als junges Mädchen mit meinem damaligen Freund einen halben Tag lang Sanddornbeeren gepflückt, aus denen wir später Konfitüre einkochten; es ergab erschreckend wenig Resultat für den mühseligen (und womöglich gar verbotenen?) Aufwand. Und ich gehe noch weiter zurück in der Zeit und erinnere mich daran, wie ich mich einmal als Teenager meinem Weltschmerz beim allerpersönlichsten Dünensingen hingab. Ich stand allein an meiner Düne, blickte hinaus auf die offene See, und sehnte mich nach der Jugendliebe aus dem Kindergottesdiensthelferkreis.

When rain has hung the leaves with tears I want you near to kill my fears to help me to leave all my blues behind. Standing in your heart is where I want to be and long to be, ah but I may as well try and catch the wind ...

Nachdem ich ungefähr eine Stunde lang so gestanden und mein Repertoire getestet hatte, hörte ich keine zwei Schritte von mir entfernt im Gebüsch ein Geräusch. Ein Stöhnen. Ein Rascheln. Ein Jaulen. Im nächsten Moment sprang ein Mann auf und jagte davon, ohne nach rechts oder links zu blicken. Offenbar hatte der Arme in einer Dünenmulde gelegen und friedlich die Abendstille genossen, bis ich kam und meine Lieblingslieder zum Besten gab. *»The continent of Atlantis was an island …«*

Nach diesem Schock strich ich Donovan von meiner Liste und halte mich mit Gesangsproben in der Öffentlichkeit seitdem zurück.

Im Ort. Zur Meierei

Ulli's Kiosk« markiert die Grenze zwischen den Dünen und dem Rückweg ins Dorf. Vorbei an Standesamt und Heimatmuseum, dessen Besuch – nun wirklich an einem Regentag – sich unbedingt lohnt, vorbei auch an jener Unterkunft, die meinen Freund und mich einst noch aufnahm, obwohl die Zimmer eigentlich an Montagearbeiter vermietet gewesen waren. Wir hörten sie vor der Tür fluchen, als sie ihre Siebensachen abholten, die die geschäftstüchtige Vermieterin schnell zusammengerafft hatte. Wo mögen sie an jenem Abend untergekommen sein?

Die Geschäftstüchtigkeit der Insulaner stellen auch die drei Jungs unter Beweis, denen ich später auf meinem Spaziergang durch den Ort eine Muschel für drei Euro abkaufe. Seit Jahren schon sammele ich keine Muscheln mehr, denn ich wüsste nicht, wohin damit. Anne Morrow Lindbergh, deren Buch *Muscheln in meiner Hand* bei meiner Mutter, neben Rilke-Gedichten und Oda Schaefers Lebenserinnerungen *Auch wenn du träumst, gehen die Uhren,* stets auf dem Tischchen neben ihrem blauen Sofa lag, hat das Phänomen treffend beschrieben. Man kann nicht alle Muscheln am Strand sammeln. Man kann nur einige bewahren, und sie sind kostbarer, wenn es nur wenige sind.

Eine Muschel auf der Fensterbank, auch zwei oder drei einzelne, ausgewählte Stücke machen sich gut. Die große

Menge jedoch zerstört diesen Eindruck und die ästhetische Wirkung. Im übertragenen Sinne, so Lindbergh, gilt dies auch für andere Dinge und Ereignisse im menschlichen Leben. Wir haben von allem zu viel: zu viele Verabredungen, zu viele Freunde und Bekannte, zu viele Termine und Veranstaltungen, um die einzelnen noch wirklich würdigen zu können. Und deshalb ist die Einkehr auf Langeoog so heilsam.

Schnell hat man alles wiedergesehen und die tiefe Entspannung setzt ein. Wer am Langeooger Strand entlangläuft, verpasst anderswo – rein gar nichts. Du bist am richtigen Ort. Hier, dieser Himmel, diese Wellenbewegung. Einatmen, ausatmen. Ebbe und Flut. Muscheln splittern unter den Schritten, eine Lachmöwe fliegt keckernd vorbei. Kein Museum, ich schrieb es schon, will heute besichtigt werden, keine Kirche wartet auf deinen Besuch. Aber im Vorübergehen oder wenn es sich ergibt, schaut man dann doch hinein, und die Obertonkonzerte in der Katholischen Kirche St. Nikolaus mit dem Bremer Musiker und Klangtherapeuten Reinhard Schimmelpfeng, der 2017 leider zu früh verstorben ist, sind mir eindrücklicher in Erinnerung geblieben als so manches Konzert, das ich in den berühmten Konzertsälen der Welt erlebte. Auch das erste Konzert, in das ich mich nach der Corona-Pause im Frühjahr und Sommer 2020 wieder wagte, *Harfe in Blau* mit dem vielseitigen Harfenisten Michael David in der Evangelischen Inselkirche, wird unvergessen bleiben, und nebenbei bot es Gelegenheit, um über das moderne Altarbild von Hermann Buß zu meditieren. Wie auch andere Altarbilder des Leeraner Malers hat dieses Bild für heftige Kontroversen gesorgt. Es zeigt ein gestrandetes Schiff, davor wartend, auf einem Anleger oder einer

Plattform, die an das Oberdeck eines Schiffes erinnert, Reisende mit Gepäck, im Vordergrund ein verlassener Tisch, an dem eben noch ein letztes Abendmahl stattgefunden haben mag. Halt, vielleicht ist der Tisch doch nicht ganz verlassen, sitzt da nicht jemand an seinem rechten Rand, fast schon außerhalb des Blickfeldes, und wartet – allerdings nicht mit den anderen und wie sie auf die Ankunft oder Abreise eines Schiffes, sondern ehor darauf, dass sie zu ihm an den Tisch zurückkehren mögen? Freilich ist dieser Vordergrund von der Blickachse her eigentlich Teil des Hintergrundes: Der – bis auf die beiden darauf ruhenden Hände am rechten Rand – leere Tisch spiegelt einen ebenfalls leeren silbergrauen Himmel. Oder reißen da die Wolken auf, ist dort, wo der Mast in den Himmel ragt, doch ein kleiner Silberstreif der Verheißung zu sehen? Im Vordergrund des Geschehens stehen die Wartenden und blicken, scheinbar unbeteiligt, auf das in Schieflage vor ihnen liegende Schiff. Wo kommen sie her? Wo wollen sie hin? Sie scheinen es selbst nicht zu wissen.

Einige profane Entscheidungen sind auf der Insel freilich doch täglich zu treffen. Wende ich mich der Meerseite oder der Wattseite zu? Das ist stimmungs-, vielleicht sogar auch ein wenig altersabhängig. Während ich meine Zeit früher überwiegend am Strand verbrachte und mich dann zu Fuß auf den Weg zur Meierei und zum Ostende der Insel machte, freunde ich mich, je älter ich werde, desto mehr mit der ruhigeren Wattseite an. Hier stellt sich als Nächstes die Frage, bei welchem Fahrradverleih ich ein Rad miete. Ein rotes vom Inselradgeber, ein blaues von Us Langeoog, ein türkises vom Haus Norderriff, ein gelbes vom Verleih am Bahnhof, ein sandfarbenes vom Radakteur? Am Ende entscheide ich mich für einen schwarzen Drahtesel vom Verleih gleichen Namens. Auf Spiekeroog soll es keinen einzigen Fahrradverleih geben; ein eindeutiger Pluspunkt für Langeoog. Und schon gleite ich, dank Rückenwind wie von Zauberhand angetrieben, sozusagen in Windeseile hinüber zur Meierei, wo ich alsbald ein Glas Ostfriesentee mit Kluntjes genieße und mein Schwarzbrot in die obligate Dickmilch mit Sanddornsaft stippe, die Spezialität des Hauses. Bei der Lektüre der Speisekarte frische ich meine Erinnerungen an die Geschichte der Meierei auf. Eine Krugwirtschaft gab es auf dem Gelände der 1741 gegründeten Domäne Ostende bereits seit 1768, den Namen Meierei führte 1895 ein schleswig-holsteinischer Domänenverwalter ein. Damals gehörte die Meierei zum Kloster Loccum und versorgte das Inselhospiz mit Eiern, Fleisch, Gemüse und natürlich Milchprodukten. Anfang der 1950er-Jahre wurde die Landwirtschaft aufgegeben, der Name Meierei aber blieb, eine kleine Milchwirtschaft auch. Im Oktober 1962 zerstörte ein Feuer den Teil, in dem sich heute das Lokal befindet, nachdem im selben Jahr bereits die Februarflut schwere Schäden angerichtet hatte. 1964 wurde das Ausflugslokal wiedereröffnet. Auf dem Weg zur Toilette werde ich später im Inneren des Restaurants einen Blick auf die dort ausgestellten Kanonenkugeln und das Teeservice aus der Zeit der napoleonischen Herrschaft werfen; bei dem milden Septemberwetter sitze ich natürlich draußen.

Da ich schon ahne, dass ich mich auf der Rückfahrt werde abstrampeln und gegen den Wind werde ankämpfen müssen, zögere ich den Aufbruch noch ein wenig hinaus und bestelle mir, bevor ich weiter meinen Erinnerungen nachsinne, ein Gläschen Sanddornlikör aus der hauseigenen Produktion. In

unserem ersten Langeoog-Urlaub hatten meine Eltern mit
uns Kindern einen Ausflug mit der Pferdekutsche zur Meierei unternommen. Offenbar habe ich während der gesamten Kutschfahrt wie am Spieß geschrien, die Pferde und der
Weg entlang der Wasserkante machten mir Angst. Ich habe
nicht die geringste Erinnerung daran, aber so ist es, man
geht durchs Leben und trägt die Erinnerungen und Erzählungen anderer Menschen mit sich herum. Manchmal ist das
eine schwere Bürde. An diesem sonnigen Altweibersommer-
tag aber tragen sich die Erinnerungen leicht und schmecken
wie der Sanddornlikör, nicht zu süß und angenehm herb zugleich.

Wilde Tiere

Ich bin kein sehr naturverbundener Mensch. Mir sind Himmel, Meer und Stadtlandschaften Natur genug, so wie in diesem Moment, da ich durchs Fenster vor meinem Schreibtisch auf eine zarte aufsteigende Mondsichel über Dächern, Schornsteinen und ja, auch das, zwei Bäumen blicke. Auch dies ist sicher ein Grund dafür, warum ich Langeoog als Urlaubsziel die Treue halte. Das Nordseeheilbadgemäße reicht für meine Bedürfnisse. Hier muss ich mich nicht vor Krokodilen, Löwen oder bissigen Wachhunden fürchten, wie sie meinen Freund und mich vor vielen Jahren auf einer Radtour in Dänemark angriffen, nicht zu vergessen das Rudel wilder Hunde, das bei einer Wanderung auf Rhodos an einsamer Stelle in einem abgeernteten Feld auf uns lauerte. Ein gottgesandter Bauer auf seinem Trecker, der zufällig des Weges kam, rettete uns das Leben, er zog uns zu sich hoch und gab Gas, während vier, fünf dieser Monster, groß wie Doggen, noch am Wagen hochsprangen. »Panagia mou«, bekreuzigte er sich. Von oben erst konnten wir sehen, dass in dem Feld noch mindestens ein Dutzend dieser Tiere lauerte.

Allerdings ist die heimische Natur auf Langeoog gefährlich genug. Zuerst zeigte sie mir ihre Macht, als ich neun Jahre alt war, im Biss einer Feuerqualle. Ich erlitt eine der ersten allergischen Reaktionen meines Lebens, was man allerdings damals noch nicht so nannte. Meine Mutter war mit meiner Schwester auf Muschelsuche, mein im Strandkorb lesender Vater hilflos, der Mann in der Nachbarburg, der sich als Arzt zu erkennen gab, empfahl eine Abreibung mit Salmiakgeist. Unterdes führte ich am Strand einen Veitstanz auf, weil es am gesamten Körper juckte. Mein Vater brachte mich zum Häuschen der Strandaufsicht, wo tatsächlich Salmiakgeist vorrätig war, dessen Verabreichung es aber nur schlimmer machte. Im Nachhinein denke ich, dass in meiner Kindheit viele sadistische Ärzte unterwegs waren. Zum Glück gehörte der Inselarzt, zu dem mich mein Vater nun brachte, nicht zu ihnen. Schon seine Worte wirkten ein wenig schmerzlindernd: »Salmiakgeist, wenn ich so was schon höre!« Er gab mir eine Spritze, und während mein Vater mich nicht mehr ganz kleines Kind zurück zur Pension trug, schlief ich in seinen Armen schon ein. Als ich Stunden später aufwachte, war ich allein. Ich zog mich an, ging meine Eltern suchen und fand sie in einem Café beim Nachmittagstee. Dass meine sonst so überfürsorgliche Mutter es nicht für nötig hielt, an meinem Bett zu wachen, hat mich lange gewundert. Zum Trost bekam ich ein Eis.

Im selben Alter, wie ich damals war, volontierte mein älterer Sohn auf einer Krabbenkutterfahrt, indem er sich einen kleinen Scheibenbauchfisch aus dem Beifang an den Daumen kleben ließ und fotogen für die gesamte Gruppe hochhielt. Ich war voller Bewunderung für mein furchtloses Kind. Aber auch er hatte sein gemeines Naturerlebnis, als ihm im selben Urlaub eine Möwe, obwohl ich neben ihm ging und doch als größerer Mensch eine abschreckende Wirkung hätte haben müssen, mit dem Flügel im Vorbeifliegen eine Backpfeife verpasste und die Eiswaffel klaute.

Meine nächste bedrohliche Begegnung mit der Langeooger Tierwelt war ein Ausritt zu Pferd, als ich vierzehn Jahre alt war. Während die anderen Mädchen, es war die Meedland-Freizeit, längst weitergeritten waren und hinter der
Biegung einer Düne verschwanden, war mein Pferd stehen
geblieben und knabberte an den Heckenrosensträuchern,
die den Pfad säumten. Ich schwitzte Blut und Wasser vor
Angst, dass sich das Tier vielleicht an den Dornen verletzen
und entsprechend wild reagieren könnte. Durch zaghaftes
In-die-Flanken-Treten versuchte ich es zum Weiterschrei-
ten anzuspornen, leider vergeblich. So weit, so niedlich.
Mit dem, was dann wirklich geschah, rechnete ich natürlich
nicht. Es war noch die Zeit der Düsenjäger, die übers Watt
jagten und mit lautem Knall die Schallmauer durchbrachen.
An jenem Nachmittag 1969 donnerte ein solches Geschwa-
der über Watt und Nordsee hinweg, mein Pferd erschrak und
jagte plötzlich, ich wusste nicht, wie mir geschah, die Dünen hinunter und direkt auf die Nordsee zu. Mag sein, dass
ich es versehentlich auch noch weiter in die Flanken getreten
habe. In den nächsten Momenten war ich wohl noch in der
Lage, mich zu fragen, ob es besser sei, mich vom Pferd fallen zu lassen und mir alle Rippen zu brechen, oder auf dem
Rücken des Pferdes in der Nordsee zu ertrinken. Aber ich
war nicht mehr fähig, eine Antwort auf diese Frage zu finden. Alles geschah rasend schnell. Immerhin war der Gaul
verständig genug, den Kurs kurz vor der Wasserkante zu ändern, und preschte nun am Strand entlang, in wildem Ga-
lopp an der gemächlich im Schritt reitenden Meedland-Mäd-
chengruppe vorbei. Der Verantwortliche vom Reiterhof gab
seinem Pferd nun ebenfalls die Sporen, holte bald auf, brüllte
mir zu, ich solle mich festhalten und nichts weiter machen,

hatte mich irgendwann erreicht, griff zu mir rüber in die Zügel und brachte schließlich beide Pferde zum Stehen.

Die Begeisterung für Pferde, die so viele pubertierende Mädchen empfinden, ist mir immer ein Rätsel geblieben. Statt mein Geld in Reitstunden zu investieren sparte ich im Jahr, das auf den Ausritt folgte, lieber für ein Velo Solex, die damals in Münster sehr beliebt waren. Habe ich das Geld, bevor ich es zur Bank trug, vielleicht im Bauch von Rosinante bewahrt? Jetzt, da ich dies niederschreibe, halte ich das für sehr gut möglich. Jedenfalls gab ich Nachhilfeunterricht und verzichtete auf so manches Stelldichein bei Eis Toldo, wo sich meine Mitschülerinnen nach dem Unterricht mit den Jungs des nahe gelegenen altsprachlichen Gymnasiums trafen. Zu meinem fünfzehnten Geburtstag blätterte ich fünfhundert Mark auf den Tisch und schenkte mir selbst ein Velo Solex nebst Zubehör: einem Rückspiegel und einer Klingel mit sattem Ton in melodischer Terz. Es war blau, ich klebte ein paar Blümchenabziehbilder darauf und nannte es Flöhchen.

Ausritte auf Pferden kann man vermeiden, Begegnungen mit Wespen leider nicht. Die Kinder waren inzwischen zehn und zwei Jahre alt, wieder einmal fuhr ich mit ihnen in die Langeooger Ferien voraus. Im Jahr zuvor hatte sich der Stich einer Wespe an meinem linken Oberarm hässlich entzündet und ich war nach einer Geburtstagsfeier als Notfall morgens um sechs in ein Berliner Krankenhaus gekommen, wo man mir den Arm eingipste, um ihn stillzulegen. Inzwischen lag die Geschichte lange zurück und ich hatte sie fast vergessen. Auf der Autobahn waren wir gut durchgekommen, die Kinder hatten bei der Gepäckaufgabe brav auf mich gewartet, der Große fürsorglich auf den Kleinen aufgepasst, während ich den Wagen auf dem Parkplatz abstellte. So erwischten wir knapp eine frühere Fähre als geplant und fanden noch Platz auf dem Oberdeck. Wir setzten uns hin, der Kleine an meiner Seite, der Große gegenüber, wir lachten uns an und ich sagte etwas wie »Das haben wir aber toll geschafft!«. In diesem Moment kam eine Wespe von weit her übers Wattenmeer geflogen, zielstrebig auf meinen linken Oberarm zu, und stach mich exakt an dieselbe Stelle, an der ich im Jahr zuvor schon einmal gestochen worden war. Nie werde ich den verblüfften Blick meines großen Sohnes vergessen. Es waren keine Leute um uns herum, die etwas aßen oder mit den Händen gewedelt hätten, es war überhaupt niemand in der Nähe. Zudem war die Wespe, so schien es, im Direktflug über die Nordsee gekommen. Habe ich geschwitzt und Wespengift vom Vorjahr ausgedünstet, das das Tier erzürnt und zum Angriff animiert hat? Es scheint eine abstruse Erklärung, aber eine andere fällt mir nicht ein. Doch vielleicht gibt es gar keine Erklärung, vielleicht saß ich dem Biest – Wespen sollen ja recht kurzsichtig sein – einfach nur im Wege. Wie auch immer, der Stich ließ meinen eigentlich schlanken Arm über Nacht und im Laufe des darauffolgenden Vormittags zu einem amorphen Fleischklumpen anschwellen. Als alte Preußin organisierte ich am nächsten Morgen trotzdem erst mal, wie geplant, einen Bollerwagen, zahlte Kurtaxe, schleppte Vorräte in die Ferienwohnung. Als ich endlich vor der Arztpraxis in der Hauptstraße stand, war die Ärztin über Mittag zu einem Krankenbesuch aufs Festland gefahren. Inzwischen gehörte das unförmige Etwas an meiner linken Seite schon nicht mehr zu mir. Einhändig zog ich den Bollerwagen mit meinem jüngeren Sohn darin vor der Tür der Ärztin auf und ab. Den Kreislauf in Gang halten, lautete die Devise. Meinem großen Sohn schärfte ich ein, dass er, falls ich zusammenbrechen würde, Zeter und Mordio schreien solle, vielleicht könnten Leute dann einen Rettungshubschrauber rufen. Apropos Leute, viele guckten komisch, manche auch besorgt zu mir herüber; Hilfe bot niemand an.

Endlich kam die Ärztin aus der Mittagspause zurück. Sie sah mich und hetzte uns in die Praxis, eine dicke Spritze war schnell aufgezogen und verpasst. »Der nächste Stich kann tödlich sein«, mit dieser Warnung und dem Hinweis, dass ich gleich tief einschlafen würde und so schnell wie möglich ein Bett aufsuchen müsste, wurde ich entlassen. Ich zog den Bollerwagen zurück zur Ferienwohnung, packte die neuen Malbücher und Buntstifte aus, stellte Cornflakes und Milch bereit und bat meinen älteren Sohn, auf seinen kleinen Bruder achtzugeben. Dann legte ich mich hin und schlief zwölf Stunden am Stück.

Als ich erwachte, war es fünf Uhr morgens. Beide Kinder schlummerten friedlich in ihren Betten. Die Windel des Kleinen war vollgesogen bis zum Gehtnichtmehr, aber er wachte nicht einmal auf, als ich sie wechselte. Ich deckte beide zu, räumte die Milch in den Kühlschrank und legte mich wieder hin. Als der Mann anreiste, war der Arm abgeschwollen und die Angst zur Anekdote geronnen. Aber die Natur ist mir von jeher unheimlich gewesen und seitdem noch mehr, bin ich doch nach dieser Langeooger Episode noch zweimal dem Wespentod nur knapp entronnen – einmal zudem auf Spiekeroog, das wäre doppelt tragisch gewesen. Aus der Ferne will ich mich gern an Gottes schöner Welt und all ihren Kreaturen erfreuen, gern auch Petitionen zu ihrem Schutz unterzeichnen. Ich stelle sogar Blumentöpfe auf den Balkon, damit Eichhörnchen ihre Nüsse darin verstecken und fleißige Bienen und der eine oder andere Schmetterling Nahrung sammeln können. Aber sie sollen mich, bitte, in Ruhe lassen. Dann tue auch ich ihnen nichts. Vom sicheren Schreibtisch aus, durch die Glasscheibe, schaue ich ihnen gern zu.

Natur

Natürlich hat Langeoog auch passionierten Natur-
freunden und -liebhaberinnen viel zu bieten. 2009
wurde das Wattenmeer, die größte zusammenhängende Fläche aus Schlick- und Sandwatt der Welt und eines der größten und wichtigsten gezeitenabhängigen Feuchtbiotope, in
die Liste der UNESCO-Weltnaturerbestätten aufgenommen. Eine Wattwanderung unter sachkundiger Führung ist
ein Muss, und wer sich danach nicht für den Wattwurm begeistert, diesen kleinen Kerl, der das Wattenmeer mit Sauer-
stoff versorgt, indem er es um- und umpflügt – fünfundzwanzig Kilogramm Sand im Jahr! –, ist ein tumber Stof-
fel. Algen, Schnecken, Muscheln, Krebse, Fische, Pilze – was
auf den ersten Blick so unbewohnt aussieht, entpuppt sich
als Raum für unterschiedlichstes Leben. Ebenso fasziniert
es mich immer wieder, wie viele Pflanzenarten auf kleinem
Raum auf dem kargen Boden der Dünen gedeihen. Und die
hübschen Namen: Dünenveilchen, Krähenbeere, Sandsegge,
Strandhafer … Doch auch die Schädlinge, die sie bedrohen,
tragen zum Teil glanzvolle Namen, man denke nur an den
gefräßigen Goldafter, der am Ostende der Insel die Sand-
dornbestände dezimiert.

Besonders liebe ich die Pflanzen, die trotz des Salzgehal-
tes auf den Salzwiesen gedeihen, wie die Strandgrasnelke,
der Strandflieder und der – essbare – Queller. Diesen »Spar-

gel des Meeres« lernte ich allerdings erst als Erwachsene bei Freunden in England kennen, *Samphire* nennt man ihn da, das Wort klingt besser, als die Sache schmeckt. Dass es dieses Gemüse in meiner Kindheit nicht gab, wird noch eine Auswirkung der Landgewinnungsmaßnahmen der Nazizeit gewesen sein. Zum Schutz der Heuernte und des Weidelandes war in den Jahren 1936/37 ein Sommerdeich gebaut worden, um die regelmäßige Überflutung der Salzwiesen zu verhindern. In der Folge entwickelte sich die Fläche immer mehr zu artenarmem Grünland. Erst in jüngerer Zeit hat man die Sommerweide aufgegeben und den Sommerdeich wieder zurückgebaut, die Salzwiesen also quasi zurückverwildert und als besonderen und besonders schützenswerten Lebensraum des Wattenmeeres wiederhergestellt.

Die Befürchtung, durch die sommerliche Überflutung könnten Möwen und andere Brutvögel gestört und verdrängt werden, hat sich indes nicht bestätigt, im Gegenteil. Neue Stammgäste sind hinzugekommen, wie auf den Tafeln des Naturlehrpfades entlang des Weges zur Meierei nachzulesen ist. Faszinierend also auch die Fülle der Vogelarten auf Langeoog – allein fünfundachtzig Brutvogelarten, und zählt man die Zugvögel hinzu, die hier Zwischenstation auf ihrem regen Flugverkehr einlegen, so sind es fast zweihundert Vogelarten. Langeoog ist »eines der wichtigsten Drehkreuze des Vogelzugs weltweit«, und Jan und Birte Weinbecker – er Dünen- und Nationalparkwart, sie Umweltwissenschaftlerin – bezeichnen Langeoog in ihrem Buch *Von Weltreisenden, Flugkünstlern und Rolling Stones* in Abwandlung des touristischen Werbeslogans sogar als »Insel fürs *Über*leben«. Die gefiederten Weltreisenden kommen aus Skandinavien, dem Baltikum, aus Westrussland, Sibirien, Grönland, Kanada, Südafrika, Südamerika, von den Eismeerküsten der Arktis, die Küstenseeschwalbe sogar aus der Antarktis, und tanken hier auf, bevor sie weiterziehen, in die Sommerfrische oder ins Winterquartier, je nachdem. Mein Liebling ist der kleine Knutt, der bei einer Durchschnittsgeschwindigkeit von siebzig Stundenkilometern die Strecke von Mauretanien bis nach Langeoog oft nonstop durchfliegt. Zwei bis drei Tage und Nächte braucht er für die rund 4500 Kilometer, und wenn er auf Langeoog ankommt, ist er entsprechend erschöpft und hat die Hälfte seines Körpergewichts verloren. Beim zweiwöchigen Urlaub auf der Insel päppeln die Vögel sich auf, verdoppeln ihr Gewicht wieder – von 100 auf 200 Gramm – und machen sich dann erneut auf den Weg: zur Taimyr-Halbinsel an der sibirischen Eismeerküste.

Aber auch andere Vögel habe ich ins Herz geschlossen. Den eiligen Sanderling, auf Plattdeutsch »Keen Tied, keen Tied« genannt, den geschickten Steinwälzer, der, um an die darunter befindliche Mahlzeit zu kommen, mit Schnabel und Stirn sogar Steine umwenden kann, die schwerer sind als er selbst, die hartgesottene dunkelbäuchige Ringelgans, den exotisch anmutenden Löffler oder die elegante Küstenseeschwalbe, die den Globetrotter-Rekord in der Vogelwelt innehat. Unter Nutzung der Passatwinde legt sie zwischen Langeoog und der Antarktis gut 40 000 Kilometer pro Richtung zurück, mit Zwischenstopp etwa an der Copacabana. Aber auch die allgegenwärtigen Silbermöwen, so frech sie sind, mag ich und gucke ihnen, ihre Flugkünste bewundernd, auch in Hamburg gerne zu. Und als mir eine in der Mönckebergstraße aufs Haupt schiss, bildete ich mir ein, es brächte Glück.

Bereits 1875 wurde die Möwenkolonie auf Langeoog unter Schutz gestellt und der Beruf des Vogelwärters erfunden. Vogelkot galt damals als wertvoller Rohstoff, der als Dünger für die Dünenvegetation die Inselbefestigung unterstützte. Angeprangert wurde auf der von protestantischer Moral geprägten Insel folgerichtig auch der mit Vogelfedern – und sogar ausgestopften Vögeln *in toto* – angereicherte Hutschmuck vornehmer Damen. Mit dem Aufkommen des Seebädertourismus seit 1830 waren die Vögel ohne Rücksicht auf Verluste für Modeartikel, Souvenirs und andere dekorative Zwecke gejagt und getötet worden. Auch durch das Eiersammeln wurden die Bestände entsprechend dezimiert. Im Heimatmuseum wird anschaulich darüber informiert, und auf dem Weg zur Meierei lohnt das Vogelwärterhäuschen mit einer kleinen, informativen Ausstellung einen kurzen – oder auch längeren – Zwischenstopp.

Vor vielen Jahren beobachteten mein erster Mann und ich beim Strandspaziergang am Tag der Abreise eine Trottellumme, die in den niedrigen Wellenausläufern einen vergeblichen Kampf, von der Stelle zu kommen, führte. Grund war ihr ölverklebtes Gefieder. Mein Gefährte, beherzter als ich, zog seinen Pullover aus, griff nach dem erschöpften Tier und bettete es darein. Auf dem Weg zum Bahnhof machten wir einen kleinen Umweg zur Polizeistation und gaben die Trottellumme in die Obhut des Polizisten, der den Vogelwart anrufen wollte. Hoffentlich konnte der arme Vogel gerettet werden. Pro Jahr verenden an der deutschen Wattenmeerküste rund 15000 Vögel aufgrund der Öl-Verschmutzung. Beim Versuch, ihr Gefieder zu reinigen, gelangt das Dreckszeug in den Magen und verursacht Vergiftungen. Auch sterben die Tiere oft in kurzer Zeit an Unterkühlung, da das verklebte Gefieder keine Isolationswirkung mehr hat.

Übrigens stammt nur ein kleiner Teil der etwa 100 000 Tonnen Öl, die jährlich in die Nordsee fließen, aus Schiffsunglücken. Der überwiegende Teil verdankt sich illegal entsorgten Treibstoffresten von Schiffen, »Geklecker« der Bohrinseln und Einleitungen über Flüsse.

Wie überall auf der Welt ist die Natur auch im Wattenmeer vielfach bedroht. Eine eindrucksvolle Skulptur im Foyer des Hauses der Insel wurde nur aus Schrott gefertigt, der am Spülsaum angeschwemmt wurde: Plastikteile, Netze, in denen sich Meerestiere verfangen, und anderes mehr. Eine Tafel informiert über das Müll-Drama im Meer. Als im Januar 2017 am Langeooger Strand Zehntausende bunte Überraschungseier angeschwemmt wurden – beim Sturmtief Axel waren einem Frachter auf der Fahrt von Rotterdam nach Bremerhaven fünf Container über Bord gegangen –, schien manchem Zeitgenossen dies zunächst eine witzige Meldung zu sein. Aber nicht nur die Plastikkapseln, auch die darin enthaltenen Tierfiguren bedeuteten auf einer Länge von acht Kilometern am Strand: nichts als Müll. Wie die Beipackzettel auf Russisch zeigten, war die Ladung für Russland bestimmt gewesen. Nun halfen die Kinder des Inselkindergartens beim Einsammeln des Strandgutes und begehren vielleicht ein Leben lang kein weiteres Überraschungsei mehr.

Immer wieder beklagen Naturschützer auch die Störung der (nicht nur brütenden) Vögel durch Feuerwerke, die zur Bespaßung der Touristen im oder am Rande des Weltnaturerbes durchgeführt oder toleriert werden. Es ist belegt, dass Wasservögel auf das Lichtgewitter empfindlicher reagieren als Greifvögel oder Säugetiere. In meiner Kindheit war von »Biosphärenreservat« noch nicht die Rede, aber man begnügte sich mit bunten Lampions. Heute gibt es wahrscheinlich bessere Naturschutzgesetze, auf jeden Fall wohlklingende und marketingträchtige Bezeichnungen und Titel, aber nichtsdestotrotz nimmt man unter Berufung auf Tradition und Brauchtum die Störwirkung von mehreren Kilometern Reichweite in Kauf. Inwiefern ein Großfeuerwerk der Kategorie 4 zum ostfriesischen Brauchtum bei Dorffesten zählt, mögen Historiker klären; dass ich nun schon älter bin als manches angebliche Brauchtum, finde ich jedenfalls amüsant.

Als einzige ostfriesische Insel, die seeseitig nur durch Dünen geschützt wird, ist Langeoog den Folgen des Klimawandels – Anstieg des Meeresspiegels, zunehmende Sturmfluten und daraus resultierende Erosion der Dünen – besonders ausgesetzt. Schwere Sturmfluten können erhebliche Dünenabbrüche verursachen und machen alljährliche Sandaufspülungen und Aufschüttungen nötig. Insbesondere vor dem Pirolatal haben Sturmfluten in den vergangenen Jahren enorme Schäden angerichtet; seit den Neunzigerjahren sind bis zu achtzig Meter Düne verloren gegangen. Ein Dünendurchbruch hier wäre ein Worstcase-Szenario, da sich unter dem Pirolatal die Süßwasserlinse, das Trinkwasserreservoir der Insel, befindet. Mit neun weiteren Familien aus Europa, Afrika und Ozeanien reichten daher Michael und Maike Recktenwald, Inhaber des Restaurants Seekrug und des Bio Hotels Strandeck, 2018 eine Klimaklage gegen die EU ein, in der die Erhöhung der Klimaziele bis 2030 gefordert wurde. Mit der Begründung, der Klimawandel werde jeden treffen und die Kläger und Klägerinnen seien aufgrund mangelnder individueller Betroffenheit nicht befugt, die Klimapolitik der EU vor Gericht anzufechten, wiesen die Luxemburger Richter die Klage im Mai 2019 ab. Dagegen haben die klagenden Familien, unterstützt von der Umweltorganisation Germanwatch, Rechtsmittel eingelegt. Man darf gespannt sein, wie es weitergeht.

»Langeoog ist wieder zu unserer vertrauten Insel geworden. Damit verbindet diese wunderbare – analoge – Insel die notwendige Moderne unserer klinischen Tätigkeit mit dem seit Millionen Jahren unveränderten Sand und dem Meer.« So stand es im Programm der Kinder- und Jugend-Psychiatrie- und Psychotherapietage 2019 zu lesen. Bei der Eröffnung des Kongresses nahm der damalige Langeooger Bürgermeister Uwe Garrels die Formulierung genüsslich aufs Korn: Jedes Sandkorn werde täglich umgewendet, abgerieben, wenn nicht aufgerieben, sagte er. Permanente Veränderung kennzeichne den ewigen Kreislauf der Natur, und hier, im Weltnaturerbe, lasse sie sich im Entstehen beobachten. Übrigens bildete sich das Wattenmeer erst vor rund siebeneinhalbtausend Jahren – im Vergleich zu Jahrmillionen ein Klacks.

Auf meiner letzten Rückfahrt von Langeoog sah ich von der Fähre aus zwei Seeadler, jeder für sich auf einem der Pricken sitzend, die die Fahrrinne säumen, sowie einen Kormoran. Die ältere Dame neben mir, die mich darauf aufmerksam machte, geriet auf entzückende Weise aus dem Häuschen. »Seeadler sieht man so selten.« Ich hätte die imposanten Vögel nicht zu benennen gewusst und bin der Dame umso dankbarer dafür, dass sie ihre Begeisterung mit mir teilte.

INSPIRATIONEN

Lektüren

Auch Langeoog hat ein uriges Inselkino, das Windlicht. Dort sah ich als Kind die ersten Märchenfilme, und auch jetzt noch studiere ich nach Ankunft auf der Insel sofort die Aushänge im Schaukasten des Kinos und genieße es, mich in dem kleinen Vorführraum in die Kindheit zurückversetzen zu lassen. Im Anschluss trinkt man einen Schoppen im zum Kino gehörenden Restaurant, wenn man es nicht schon vorher getan hat.

Vor allem aber ist Langeoog in meiner Erinnerung mit dort genossener Lektüre verbunden. Als ich noch ein Grundschulkind war, versuchte meine Mutter mir eine Zeit lang das Lesen zu verbieten, denn sie war im Verbund mit Frau Dr. Müller, derselben Hausärztin, die über mich das Urteil gefällt hatte: »Verstand hat sie, aber keine Vernunft«, zu dem Schluss gekommen, es mache mich nervös. Das war ein ziemlicher Quatsch, zumal ich in Ermangelung altersgemäßer Lektüre nun hinter ihrem Rücken zu den Büchern meiner sieben Jahre älteren Schwester griff. Bald wurde ich wieder in Ruhe gelassen und verschlang die Seesagen und Schiffermärchen aus aller Welt, die in einem Buch mit dem verheißungsvollen Titel *Das Leuchten des Meeres* versammelt waren, einem Geschenk von Tante Elisabeth aus der DDR.

Immer noch lese ich an der See gern Bücher, die vom Meer handeln oder an und auf dem Wasser spielen. Virginia

Woolfs *To the Lighthouse* und Yann Martells *Life of Pi*. Keri Hulmes aufwühlenden Roman *The Bone People*, den mir eine Freundin in deutscher Übersetzung geschenkt hatte. Ich las *Unter dem Tagmond* morgens um halb vier im Frühstücksraum von Haus Poggfred zu Ende, damals noch eine Frühstückspension, denn ich hatte das Buch nicht aus der Hand legen können, wollte aber den Schlaf von Mann und Kind nicht mit dem Licht meiner Nachttischlampe stören. Wie nur selten bei einer Lektüre hatte ich das Bedürfnis, in die Handlung einzugreifen, den Protagonisten – einem Mann, einer Frau und einem Kind, zwischen denen sich ein Drama abspielt und eine Spirale der Gewalt entfaltet – zu Hilfe zu eilen. Kommt zu mir, hier seid ihr in Sicherheit. Die Lektüre liegt inzwischen dreißig Jahre zurück, aber noch heute kann ich nicht an Haus Poggfred vorbeigehen, ohne an Keri Hulme und ihren überwältigenden Roman zu denken.

Lieblingslektüre auch die Romane und Sachbücher des britischen Ozeanografen, Journalisten und Romanautors James Hamilton-Paterson. Seine *Seestücke*, kluge, kühle Essays über *Das Meer und seine Ufer* (*Seven Tenths*); der faszinierende Bericht über seine Teilnahme an der Orca-Expedition 1995, *Drei Meilen tief* (*Three Miles Down*); die wundersame Romanerzählung *Der Traum des Gerontius* über die Kreuzfahrt des alternden Komponisten Edward Elgar zum Amazonas, in der Hamilton-Paterson wiederum mit gewohnt ruhiger Eleganz die Tiefe und die Untiefen der menschlichen Seele auslotet. Nach jenem Urlaub war ich ausnahmsweise scharf darauf, nach Hause zu kommen, denn ich musste endlich Elgars gleichnamiges Oratorium hören; Youtube gab es noch nicht.

In meiner Kriminalerzählung *Mord im Gazellenkamp*,

die bei einer Fernsehtalkshow vor laufender Kamera spielt, habe ich mich bei meiner fiktiven Figur Corbet Huntingdon von James Hamilton-Paterson inspirieren lassen. Als ich ihm anlässlich einer Lesung im Hamburger Literaturhaus davon erzählte, nahm er es amüsiert zur Kenntnis.

> »In Gedanken skizzierte er sein nächstes Buch und dachte über den Titel nach, in dem auf jeden Fall ein Wortspiel mit See, Sehen und Fernsehen vorkommen müßte. Vielleicht To sea or not to see? Egal also, wie der Fall ausging, es war gut so, denn auch dieser Zustand ging ja vorüber. … Zwischen den Galaxien verschwanden sie alle ebenso wie nur irgendeine alte Seegurke auf ihrem Fleckchen Sedimentboden; darin lag für Corbet Huntingdon überhaupt kein Problem …«

In meiner Erzählung unterhält sich Corbet Huntingdon mit Renke Anselms, für den mir Els Sanders, früher als Tenor, Solist und Witzeerzähler bei den Konzerten der Flinthörners, ja als »Langeooger Inselschelm« allseits bekannt, als Vorbild diente. In seinem Kürschnerladen in der Barkhausenstraße, den es nun schon lange nicht mehr gibt, kaufte ich einst eine Lederkappe mit Ohrenklappen, die ich sehr liebte, aber leider bei einem Strandspaziergang auf Sylt (gerechte Strafe!) verlor. Auch der Langeooger Shanty-Chor tritt in der fiktiven Fernsehtalkshow auf. Das Bemerkenswerte an diesem Männerchor ist, dass die Chorleiterin eine Frau ist: Elisabeth »Puppa« Petersen. Es ist immer ein Genuss zu sehen, wie diese zarte Frau mit ihrem Akkordeon so vielen großen Jungs den Takt vorgibt, vor allem aber ist es ein

Genuss, ihnen zuzuhören, denn die Flinthörners sind mit konventionellen Shanty-Chören nicht zu vergleichen. Eine Weile korrespondierte ich mit Els Sanders und er schickte mir seine lüttjen Vertellsels, *Wahre Geschichten von Willm Willms aus Willmsfeld*, plattdeutsch erzählte Anekdoten und Witze. »Gott vergelts, dies schrieb Els«, schrieb er mir zur Widmung hinein.

Und immer wieder lese ich Sachbücher am Meer, Titel im Zusammenhang mit den Psychotherapietagen, und natürlich die Miniaturen, die in meinen Schreibwerkstätten entstanden. Oft machen wir spielerische Schreibübungen, alle denken sich Wörter aus, die andere in ihren Texten unterbringen müssen. Unvergessen der »heidelbeerfarbene Möwenschiss«, der für viel Heiterkeit sorgte. Manchmal ergeben sich allerdings, scheinbar zufällig, auch furchtbar traurige Zusammenhänge, so zog eine Teilnehmerin Zettel mit den Wörtern Sandbank und Sargdeckel und schrieb daraufhin einen Text in Trauer um ihren Sohn, der im Jahr zuvor Suizid begangen hatte. Andere antworteten dann bei der nächsten Übung darauf. So sind diese Tage immer sehr dicht und intensiv, auch wenn wir jeweils nur anderthalb Stunden pro Tag gemeinsam verbringen. Aber das Meer, das einem nachts wilde Träume beschert, die Anregungen durch andere Seminare und Vorträge und der intensive Austausch in der Gruppe bringen oft trotz der Kürze der Zeit Erstaunliches zum Vorschein. Therapeutinnen scheinen geborene Autorinnen zu sein (das gilt auch für teilnehmende Männer, die freilich in der Minderzahl sind). Ach, Schreiben – und Lesen – sind doch fantastische Ressourcen, sie versöhnen Hirn, Herz und Hand, vernetzen das Ich mit dem Du und öffnen Türen zum Traum und in die Welt gleichermaßen.

Und so interessiere ich mich an der See plötzlich auch für die Geschichte des Leuchtturmbaus und die verkannte Intelligenz der Fische. Zuletzt las ich ein Buch darüber, wie die Nordsee uns Europäer zu dem machte, was wir sind, *The Edge of the World*. Man kann eine Menge Seiten wegschaffen, wenn man in einem Strandkorb sitzt und von Zeitlosigkeit umgeben ist. Aber genauso gut kann man stundenlang nur Himmel und Meer und Wellen und Wolken betrachten und seinen Gedanken nachhängen, bis man gar nichts mehr denkt.

Ohne Ufer

Als der Schriftsteller Botho Strauß 1989 mit dem Büchner-Preis ausgezeichnet wurde, stiftete er die Preissumme in Höhe von 60000 Mark für einen originellen Wettbewerb. Er rief zur Lektüre des Romans *Fluß ohne Ufer* von Hans Henny Jahnn auf und setzte, um dem Werk möglichst viele neue Leser zu gewinnen, für Essays, in denen die Leser ihre Gedanken und Eindrücke bei der Lektüre festhielten, jeweils 1000 Mark aus. Bis zum Jahresende 1990 waren die Texte an die Deutsche Akademie für Sprache und Dichtung nach Darmstadt zu schicken.

Zu jenem Zeitpunkt lebte ich seit fünf Jahren mit einem Hans-Henny-Jahnnianer zusammen – oder fallen im Wege der Haplologie hier die beiden gleichlautenden Silben zu einer Silbe zusammen und es muss Hans-Henny-Jahnner heißen? Egal, ich empfand meine Ignoranz gegenüber dem Autor als schmerzliche, ach nein, das denn doch nicht, sagen wir, als peinliche Bildungslücke. Nun war der Zeitpunkt gekommen, diese Lücke zu schließen. Der Mann hatte mir ein Quartier auf Langeoog gebucht, wohin ich für eine Woche mit unserem zweijährigen Söhnchen fahren wollte. Die Trilogie stand, in der vierbändigen EVA-Ausgabe von 1961, in seinem Bücherregal. Dass ich sie mir ausleihen und mit nach Langeoog nehmen durfte, war ein großer Liebesbeweis, ja ein Liebesopfer, doch die lieferbare, 2700 Seiten umfassende

Ausgabe von *Fluß ohne Ufer* bei Hoffmann und Campe kostete 350 Mark, und das Preisgeld wollte ja erst noch errungen werden. Bevor ich abfuhr, musste ich versprechen, die Bücher keinesfalls umgedreht aufgeklappt abzulegen. Ich war ein wenig beleidigt, denn so etwas käme mir nie in den Sinn.

Der Mann, der Langeoog nicht kannte, hatte mich in einem Haus in Strandnähe einquartiert, das in den Augen von uns alteingesessenen Besuchern ein indiskutabler Schandfleck in der Landschaft war. Er hatte es gut gemeint, und aus dem Fenster des kleinen Apartments hatte man auch wirklich einen netten Ausblick auf den Vorplatz und das gegenüberliegende Hotel. Aber die Wände waren mit einer Art braunem Teppichboden ausgestattet, den die feuchte, salzhaltige Meeresluft im Laufe der Zeit nicht ansehnlicher gemacht hatte. Bei der Einrichtung hatte man die Wandbekleidung sicher als besonders edel empfunden; ich hoffe, man hat sie inzwischen abgeschafft. Für mich ist die Erinnerung an dieses Apartment und den braunen Teppichbodensiff ringsum untrennbar verbunden mit den teils bräunlich-gräulichen, teils uringelben Leinen- oder Halbleineneinbänden der Jahnn'schen Trilogie.

Mit Schwung und aufrichtiger Neugier machte ich mich an die Lektüre, sobald mein Kleiner am Abend schlief. Wie hatte der Mann mir vorgeschwärmt! Die großartigen Beschreibungen der norwegischen Landschaft! Die Passagen über Musik! Diese berückend schönen Naturbeschreibungen hatte auch ein Kritiker in der *ZEIT* gepriesen, die schmerzhaft luziden philosophischen Betrachtungen, die sprachliche Schönheit und kompositionelle Kühnheit. Auch von Aufhebung der Geschlechtlichkeit war die Rede gewesen. Wohlan denn, genau die richtige Lektüre für mich an diesen langen Abenden allein am Bettchen meines Kindes. So hatte ich tatsächlich gedacht. Auch der Titel des ersten Bandes, *Das Holzschiff*, schien an der See passend.

Freilich hatte ich nicht mit so viel Verquastheit gerechnet, so viel kruder sprachlicher Metzelei und Abwehr des Weiblichen bzw. dessen, was für weiblich befunden wird. »… wir kennen das große Glück der Anarchie, gegen alle zu stehen, wir haben die Geliebte zwischen unseren Körpern zermahlen.« Ja danke, und so weiter, *ad nauseam*. Es war kein Trost, dass sämtliche männlichen Leser, die ich in der Folge befragte, die Hinrichtung des Weiblichen im Allgemeinen und etlicher weiblicher Figuren im Besonderen in Jahnns Werk genauso wie mein Mann schlichtweg überlesen hatten. Warum sprangen sie nur mir so ins Auge? Meine Hans-Henny-Jahnn-Lektüre auf Langeoog löste eine mittlere Ehekrise aus. Der Mann und ich hatten noch keine Handys, telefonierten aber doch zwischendurch.

Kann es sein, dass man HHJ – so nannte ich den Autor inzwischen nur in der Pubertät lesen kann, fragte ich. Wenn einen die großen Lebensfragen noch so richtig umtreiben und man selbst grad so humorlos ist, dass man den Humor bei anderen nicht vermisst?

Ja, aber die norwegischen Landschaftsbeschreibungen, sagte der Mann.

Bis man geografisch gesprochen nach Norwegen kommt, muss man sich durch rund siebenhundert Seiten Metzeleien des Weiblichen lesen. Das ist immerhin ein Drittel.

Na ja, die Verlobte stirbt wohl, erinnerte sich der Mann, wenngleich es halbherzig klang.

Nicht nur die. Gerade lese ich von Anna Frönning, »ein hübsches, etwas dickes« – Klammer auf: sagen wir ruhig, ein unschuldiges junges – Mädchen. Sie darf immerhin verunglücken, stirbt also beinahe schon eines natürlichen Todes. Aber »verworfen. Weggeworfen« wird auch diese »fleischige Blüte«.

Oh weh, sagte der Mann.

Tja, sagte ich. Von wegen, Transzendenz der Geschlechtlichkeit. Am verderbten Zustand der Welt ist das Weibische, sind die Weiber schuld. Das wussten wir auch schon vorher, aber hier kriegen wir noch mal Anschauungs- und Nachhilfeunterricht: »Vor zwei Generationen hatte die Familie eine stattliche Vollhufe besessen … Aber die Fruchtbarkeit der Frauen hatte den fetten Boden und die Pferdehufe gefressen.« Kann es sein, dass die Erfindung der Antibabypille ganze Seiten dieses Buches zu Makulatur werden lässt?

Aber die musikalische Komposition, sagte der Mann. Und wie er über Musik schreibt. Das ist doch grandios. Er war Orgelbauer, weißt du.

Ja, und selbst beim Orgelbau wollte er noch die männlichen und die weiblichen Stimmen getrennt haben, antwortete ich. Was hast du dir denn als junger Mann dabei gedacht: »Weib ist Weib. Sie alle haben Brüste. Sie alle haben die Gleitbahn, auf der wir ausrutschen.«

Och, na ja, sagte der Mann.

Ja, ja, die Männer haben es schwer, sagte ich. Sie brauchen selbst für ihren Fatalismus, ihren negativen Existenzialismus, ihre Nekrophilie noch eine Begründung. »Die Menschen gewähren lassen, weil es keinen Fortschritt gibt.« Warum nicht einfach gewähren lassen? Punkt. Einfach so. Auch die Frauen.

Ich legte ein Fragezeichen in meine Stimme. Wie das Telefongespräch endete, weiß ich nicht mehr. Am letzten Abend in der braunen, nach nassem Teppichboden riechenden Ferienwohnung notierte ich die Überschrift und das grobe Gerüst für meinen Essay, *Aus der Perspektive einer Kaulquappe.* Er ist immer noch aktuell, denke ich, auch über HHJ hinaus, aber Anfang der Neunzigerjahre konnte man damit keinen Blumentopf, geschweige denn ein Preisgeld gewinnen. Na ja. Wer es nachlesen möge, schaue hinein. Das ist ja alles Schnee von gestern, vergessener Schnee, so heißt es bei Hans Henny Jahnn.

Zwischenspiel auf Palawan

Sagte ich schon, dass ich meine ganze Kindheit über durstig gewesen bin? Zu den Mahlzeiten zu trinken sei ungesund, hieß es damals, es verdünne die Magensäfte. Als ich neun Jahre alt war, tauchten in den Geschäften plötzlich kleine Trinkpäckchen auf, in die man einen angespitzten Strohhalm stecken konnte, der an der Packung klebte. *Sunkist*. Wir sprachen es deutsch aus, die lautmalerisch mitgelieferte englische Wortbedeutung »von der Sonne geküsst« assoziierten wir nicht. Ein Foto zeigt mich Viertklässlerin im grün-orange gestreiften Strandkorb auf Langeoog mit einem Sunkist-Tütchen in der Hand: Ich gucke keck in die Kamera und sandte das Bild für einen Fotowettbewerb ein, den, so meine ich mich zu erinnern, die Firma, die die Marke vertrieb, ausgeschrieben hatte. Die Mechanismen der Werbung durchschaute ich nicht, ich gewann keinen Preis und blieb weiterhin durstig. Sunkist gab es nur in den Ferien, im Schulalltag war noch die eklige Pausenmilch angesagt, die in mir allerdings keine Abnehmerin fand.

Nun sitze ich hier und halte ein Glas mit blauer Flüssigkeit darin in der Hand. Über meinem rechten Ohr klemmt ein Holzstäbchen, an dem bunte Alustreifen flattern, auf der Nase habe ich, allen Vorsichtsmaßnahmen zum Trotz, einen Sonnenbrand und an den Füßen wohl auch. *Cheers*. Judyth zückt ihr Handy und macht ein Selfie von uns vieren, ich werde sicher blöd darauf gucken. Palmen, Südsee und bunte Getränke, das ist nichts für mich. Den ganzen Abend lang habe ich den Kolleginnen von einem autofreien Inselchen in der Nordsee erzählt. Sie haben mir zugehört, teils fasziniert, weil ihnen manches exotisch vorkam, teils vielleicht auch nur höflich. Beinahe hätte ich schon angefangen zu singen, *Langeoog, Langeoog*, und vielleicht tue ich es auch noch, bevor das Glas leer ist. Und vielleicht singen Lucina, Judyth und Sarah dann ja sogar mit.

Ach, ich muss ihnen noch von Pfarrer Böttcher erzählen, dem ungebildeten, kaum des Schreibens fähigen Pastor-Korporal, den es im frühen 18. Jahrhundert auf die Insel verschlug. Er beklagte sich bitter über die Langeooger, beschimpfte sie als Heiden, Ketzer und Säufer und verweigerte ihnen das Abendmahl. Im Gegenzug boykottierten sie seine pietistischen Andachten und blieben daheim, wenn er in Ermangelung einer Kirchenglocke die Flagge zum Gottesdienst hisste. Ironie der Geschichte, dass er am Ende auf einer Kollektenreise für seine Gemeinde, verarmt und krank und selbst »dem Branntewein zugetan«, in Hamburg strandete und unter traurigen Umständen verstarb.

»Du scheinst deine Heimat sehr zu lieben«, sagt Lucina. »Hast du dich nie in deinem Leben an einen Südseestrand geträumt?«

Nun ja, doch, immerhin einmal. In meinem Kinderbuch *Lale und der goldene Brief* landet die Titelheldin Lale mit ihrem Freund Peter und den weiteren Reisegefährten, nachdem sie gemeinsam das Meer der Stoßseufzer überquert und mit der *Sturmwind III* Schiffbruch erlitten haben, an einem Strand mit Südseeanmutung. Es gibt hohe, schlanke Kokospalmen und buschartige Dattelpalmen, und das hatte praktische Gründe. Irgendwie musste ich meine kleinen Abenteurer ja ernähren, was an der Nordsee etwas schwieriger gewesen wäre, wo es zwar Vitamin-C-reiche Sanddornbeeren gibt, aber sie sind doch recht sauer und wenig sättigend. Nachdem Lale in der Höhle der Bilder übernachtet und wirre Traumgespinste gesehen hat, kommt im fahlen Morgenlicht eine Prozession riesiger Krabben seitwärts, aber im Gleichschritt in die Höhle hineinmarschiert. Mit garstigen Stimmen schmettern sie im Takt ein Lied, aus dem Lale erfährt, dass sie mit ihren Gefährten auf der Insel der Einsamkeit gestrandet ist. Die Südsee ist aber nicht nur der Ort für Schiffbruch, Kampf mit Riesenkrabben und Gefangenschaft, sondern auch der Ort der Befreiung und Versöhnung. Und das gefährliche Labyrinth der Missverständnisse, aus dem die Kinder Lales Vater Rumi Armut befreien, entpuppt sich zu guter Letzt als kleiner Lustgarten. »Wenn man zusammenhält und den Weg kennt ...«

So weit die Moral von der Geschicht'.

Lucina lächelt. »*Sounds lovely*«, sagt Sarah. »*Oh, look at the moon*«, sagt Judyth und fängt an, ein Mondgedicht vorzutragen.

Wir lehnen uns zurück in unseren Liegestühlen und schauen in den Himmel. Vier Frauen im Hier und Jetzt, eine Mondgöttin unter uns.

»*Learn what is good enough to say twice*«, rezitiert Judyth. »*Moon Fish*«, höre ich, und: »*Hunter's Moon. Moon of Passionate Courage. Elk Bellowing Moon. Take the Next Step Moon, Frost on the Pumpkin Moon ...*«

Ihre Stimme wird leiser und leiser, verliert sich in der lauen Nacht.

Als ich aufschaue, bin ich allein.

Ich sitze an meinem Schreibtisch und denke: Palawan.

Ich bin dort nie gewesen.

Nur in meiner Fantasie war ich nun immerhin schon zweimal auf einer Südseeinsel. Einmal mit meiner kleinen Lale aus dem Kinderbuch, die ihren Namen übrigens dem (aus dem Persischen stammenden) türkischen Wort für Tulpe verdankt, auch wenn manche denken, ich hätte dabei an Langeoog und Lale Andersen gedacht. Und einmal in Gedanken mit den Kolleginnen. Das soll für mein Leben reichen.

Regionalkrimi, Heimatroman

Eine Anmaßung sei es zu glauben, man sei vor dem Blatt Papier allein, während einem alles von allen Seiten zuströmt, sagte einst Marguerite Duras. Und so geht es auch mir beim Schreiben über Langeoog. Beim Frühstückskaffee spült mir Facebook einen Eintrag des Kollegen Klaus-Peter Wolf in die *Timeline*: drei meine Reiselust weckende Fotos, davon zwei vom Langeooger Wasserturm, einmal im Nebel, einmal vor dunkel verhangenen Wolken. Darüber die Zeile: »Welchen Kriminalschriftsteller würde das nicht inspirieren?« – »Was so alles im Schatten eines Leuchtturms passieren kann?«, kommentiert ein Werner P., und ich zügele mich, den mir unbekannten Herrn nicht auf Facebook zu belehren, dass der Langeooger Wasserturm der Wasserturm ist und, bitte schön, kein Leuchtturm. Tatsächlich wollte ich heute über Nordsee- und Inselkrimis nachdenken, da kommen Klaus-Peter Wolfs Worte gerade recht. Der sogenannte Regionalkrimi boomt schon seit geraumer Weile, auch Romane und Geschichten, die sich auf Langeoog abspielen, haben Hochkonjunktur. Man denke etwa an *Ostfriesentod* und *Ostfriesenhölle* von Klaus-Peter Wolf, *Langeooger Lügen* und *Langeooger Dampfer* von Peter Gerdes oder die Titel aus der Eva-Sturm-Serie von Moa Graven, um nur einige zu nennen.

Bei der abendlichen Dorfführung, an der ich auf Langeoog teilnahm, betonte Fiona Wettstein, es habe wohl mal einen Mord auf Langeoog gegeben, aber das sei anno Dreizehnhundertgrauenzwirn gewesen. Auf Schauplätze aus Kriminalromanen oder Fernsehkrimis, wie andernorts bei vergleichbaren Rundgängen so beliebt, ging sie nicht ein; das wäre in der Tat ein anderes Thema. (Wenngleich ich gern einmal den Keller unter dem Rathaus sehen würde, der früher ein echter Kerker war und in dem heute Akten gelagert werden; darin lässt Klaus-Peter Wolf einen Mörder für eine Nacht lang einsperren und bewachen.)

Tatsächlich sind schwere Kapitalverbrechen auf den Ostfriesischen Inseln selten. In den zwanzig Jahren, in denen seine Frau und er das Haus Bethanien leiteten, sei auf Langeoog kein Mord geschehen, erinnert sich Hans-Jürgen Haller im Gespräch, und die derzeit auf der Insel tätige Polizistin, Hauptkommissarin Gaby Kratt, musste in ihren sechs Dienstjahren denn auch keinen aufklären. In ihrem Arbeitsalltag geht es um verletzte Tiere, verlorene Kinder oder abhandengekommene Handys, um Ruhestörung durch feiernde Jugendliche, Einbrüche und Diebstähle, das schon, und insbesondere um Internetkriminalität, wenn Insulaner Onlinebestellungen tätigen und im Voraus bezahlen, aber keine Ware erhalten.

Bleibt die Frage nach dem Phänomen der Regionalkrimis. Was macht sie so attraktiv, vielleicht über das Genre – Mord und Totschlag und deren Aufklärung – hinaus?

Fiona Wettstein stammt ursprünglich aus dem Schwarzwald, und ich habe mich gehütet, ihr zu sagen, dass ich vor vielen Jahren eine kleine Kurzgeschichte schrieb, in der ich einer Frau aus Oer-Erkenschwick den Schock ihres Lebens verpasse, als sie am Nordseestrand ein schwäbisches Män-

nerbein erblickt. Der Schenkel ist in eine schwarze Knie-
bundhose gezwängt, der Fuß solide mit schwerem Schuhwerk bewehrt, eine fest gebundene Schleife gibt dem roten
Schnürsenkel nicht die geringste Chance, ein bisschen im
Winde zu flattern. Die Frau fühlt sich beim Anblick dieses
neureichen schwäbischen Männerbeins in ihrem Heimat-
gefühl, ja Heimatrecht auf der Insel empfindlich gestört.
In der Folge sinnt sie auf Abhilfe. Sieben Schwaben werden dran glauben müssen, der Reihe nach auf jeder der Perlen im Wattenmeer einer. Nach Rudi aus Rottweil hat sie
sich Herrn Kornpichler vorgenommen, der allerdings aus
Oberbayern stammt, ein Versehen, da sie sich leider mit den
Dialekten nicht so auskennt: »In Oer-Erkenschwick spricht
man ohne Akzent, genau wie in Castrop-Rauxel ...« Sicher
hätte es der guten Frau, wie einst mir, auch passieren können, Badener und Schwaben zu verwechseln oder die Badener gar als Badenser zu bezeichnen. Schimpf und Schande!
Nun steht sie an der Reling, lässt den Blick übers Wattenmeer Richtung Baltrum schweifen und bändelt mit einem
Herrn aus Castrop-Rauxel an. Was treibt da im Wasser? Es
wird doch nicht Herr Dietle sein? Nein, der ruht wohl noch
im Schlick. Dies ist nur ein Benzinkanister, ein harmloses
Plastikteil – wenn Plastik im Meer harmlos sein kann.

Auf meine Geschichte, für eine jener zahlreichen, beliebten Ferienanthologien geschrieben, die Titel tragen wie *Zum
Morden in den Norden*, *Fiese Friesen* oder, in diesem Fall,
Mordkompott, trifft das Verdikt harmlos sicherlich zu. Und
doch steckte mehr dahinter. Tatsächlich war ich es selbst,
die vor vielen Jahren den Schock ihres Lebens erlebte, als
mir am Nordseestrand ein schwäbisches Grüppchen entge-
genkam, allesamt in Wanderstiefeln und Kleidung, die nach

meinem Dafürhalten auf die Schwäbische Alb gehörte, aber nicht an die See. Mein Befremden sollte ich Jahre später einmal gespiegelt bekommen durch den Wirt einer Almhütte, in der ich mit Mann und Kindern bei einer Wanderung im Salzkammergut einkehrte. Der Blick, mit dem er die grünen Gummistiefel bedachte, die der Vater meiner Kinder trug, sprach Bände. Es war offenkundig, dass der Wirt dieses Schuhwerk bei einer Wanderung in den Alpen für ungeeignet hielt, und damit hatte er recht. Die Sohlen waren abgelaufen und nicht gerade rutschfest. Aber was in Norwegen gereicht hatte, war für Österreich noch gut genug, hatte ihr Besitzer befunden.

Auch die Schwaben fühlten sich in ihren Wanderstiefeln aus Leder am Spülsaum sichtlich wohl. Vergnügt schwätzelten sie für mich unverständliche Worte, und wenn ich an dieses Erlebnis zurückdenke, so kommt es mir immer so vor, als ob ich in jenem Moment einen Blick in den Abgrund meines eigenen Rassismus geworfen hätte. Dieses Grüppchen verkörperte für mich in jenem Moment das Fremde schlechthin. Solch ein Gefühl habe ich später nie wieder gehabt. Nicht bei den erwähnten Ärztetagen, an denen stets auch eine ganze Reihe Therapeuten aus Österreich teilnehmen, was dann zwar beim Public Viewing eines Fußballspiels Deutschland gegen Österreich zu freundlichen Frotzeleien führt, aber ansonsten keine weitere Bedeutung hat. Nicht angesichts der in den Hotels und Restaurants arbeitenden polnischen Saisonkräfte, und auch nicht beim Anblick jener Frau, die mit ihrem Begleiter an einem heißen Hochsommertag vor mir in der Schlange wartete, um einen Strandkorb zu mieten, in Vollverschleierung. »Ist dir nicht zu warm?«, fragte der Mann, und sie schüttelte den Kopf. Ihr Anblick war nun

wirklich sehr fremd inmitten all der leicht bekleideten Bade-
gäste – schräg gegenüber befanden sich die Strandduschen,
wo Frauen in spärlichen Bikinis Abkühlung suchten und
Kinder nackt planschten. Aber Gefühle haben in mir nur die
Schwaben erregt, warum auch immer. *Ein Steifer mehr im
Wattenmeer* ist einer der ganz wenigen Texte im Krimigenre,
in denen ich eigene Emotionen – nein, nicht verarbeitet habe,
nur auf die Schippe genommen. Aber natürlich ist der soge-
nannte Regionalkrimi auch dies: die moderne Version des
Heimatromans, in der wir uns unseres Eigenen versichern.
Und mit »wir« meine ich mehr noch als uns Autorinnen und
Autoren diejenigen, die dieses Genre massenhaft lesen.

Während in den 1970er-Jahren, inspiriert vom schwedischen Autorenduo Maj Sjöwall und Per Wahlöö, der Sozio-
krimi boomte, in dem die Sozialkritik abgehandelt wurde,
die vorher ihren Ort in studentischen Diskussionen, auf
Flugblättern und bei Demonstrationen gehabt hatte, und in
den Achtzigern, nach dem Zerfall der Frauenbewegung, der
sogenannte Frauenkrimi einen Blick auf die Gesellschaft
aus weiblicher, um nicht zu sagen feministischer Perspektive
warf, hat der Regionalkrimi seinen Ursprung in den 1990er-
Jahren. Es scheint mir kein Zufall zu sein, dass dieses Sub-
genre in den Jahren nach der deutschen Vereinigung ent-
stand. Dreißig Jahre später gibt es kaum noch eine Region
in Deutschland, die nicht ihre spezifische Krimi-Reihe auf-
weisen kann. Vom Allgäu-Krimi über Eifel-, Erzgebirge- und
Ostsee- bis hin zum Taunus-Krimi: Man könnte den Eindruck gewinnen, dass sich das wiedervereinte Deutschland,
wie jenes vor 1871, aus vielen kleinen Grafschaften, Herzog-
tümern, Stammesregionen und Ländereien zusammensetzt.
Es mag weniger Regionalkrimis in den östlichen Bundes-

ländern geben und – hier muss man keinen Zusammenhang sehen – in touristisch weniger erschlossenen Regionen, wobei auch dies nicht ganz stimmt, wie die Erfolgsgeschichte der Eifel-Krimis von Jacques Berndorf alias Michael Preute zeigt. Sie haben der Grenzregion zwischen Deutschland, Belgien und Luxemburg in den vergangenen dreißig Jahren, seit dem Erscheinen von *Eifel-Blues* im Jahr 1989, zu einem enormen touristischen Aufschwung verholfen.

Der Regionalkrimi hat mit deutscher Selbstreflexion, deutschem Selbstbewusstsein und vielleicht dessen Mangel zu tun. Er bietet Selbstvergewisserung in rauen Zeiten. Im Regionalkrimi können wir unsere Heimat (wieder)erkennen und sogar lieben, ohne Gefahr zu laufen, allzu nationalistisch zu sein. Während die ebenfalls beliebten Schweden-Krimis immer aufs ganze Land zielen, die schwedische Hauptstadt eine für alle ist und die schwedische Landschaft ebenso, wird sich nicht jeder Bayer mit dem preußischen Berlin identifizieren und ein Mittelfranke nicht unbedingt mit einer kleinen Insel im Wattenmeer. So ist der Regionalkrimi in gewisser Weise ein Spiegel einer immer noch zerstückelten Nation und einer fragmentierten nationalen Identität. Steckt nicht eine gewisse Ironie der Geschichte darin, dass wir Deutschen uns zu eben jenem Zeitpunkt, an dem sich unsere Nachbarn vor dem Wiedererstarken eines großen vereinigten Deutschlands fürchteten, zumindest in der Literatur auf bescheidenere Formen des Patriotismus zurückgezogen haben?

Für manche Landsleute sind Humor und Ironie freilich Fremdwörter, und wenn es um das geht, was sie für ihre Heimat halten, verstehen sie buchstäblich keinen Spaß. So regte sich ein Mann von vermutlich ostfriesischer Herkunft im

Februar 2019 via Onlinekommentar und Leserbrief an die *Ostfriesen-Zeitung* über Klaus-Peter Wolfs Bücher auf: der Autor stelle darin die Ostfriesen als »eine Bande von Mördern, Mädchenschändern und Banditen« dar. Auf die altbekannte »Geht doch rüber!«-Formel – »Herr Wolf, wir brauchen Sie hier nicht und wir können auf Sie verzichten! Gehen Sie dahin zurück, wo Sie hergekommen sind« (Klaus-Peter Wolf stammt aus Gelsenkirchen) – folgte der Vorwurf, der Autor hole mit seinen Romanen »integrationsunfähige NRWler« nach Ostfriesland. Und schließlich kulminierte die Hetze, an der sich dann auch andere beteiligten, in einer unverhohlenen Drohung: Früher habe man solche Nestbeschmutzer »bei Nebel ins Watt gejagt«.

Vor Gericht – Klaus-Peter Wolf hatte eine Strafanzeige erstattet und auf Unterlassung geklagt – widerrief der Mann seine Aussagen und gab zu, die Werke des Autors nicht einmal zu kennen. In einer Presseerklärung dankte Klaus-Peter Wolf allen, die ihn und seine Familie in dieser schweren Zeit unterstützt hatten: »Mir wurden Zitate in den Mund gelegt, so als hätte ich behauptet, die Ostfriesen seien ein Volk von Mördern und Verbrechern. Jeder, der meine Bücher und Filme kennt, weiß, wie absurd das ist. Aus ihnen spricht die tiefe Liebe zu Ostfriesland, sonst wäre ich sicherlich auch woandershin gezogen.«

Wenn auch unfreiwillig, so lieferte der Beleidiger, der davon schwadronierte, ihm nicht genehme Menschen aus dem Weg zu schaffen, einen Beleg für die Existenz gerade solcher Einheimischen, wie sie seiner Meinung zu Unrecht in Klaus-Peter Wolfs Büchern vorkommen. Das Vorbild eines netten, humorvollen, toleranten Ostfriesen gab er jedenfalls nicht ab. Dabei spielen bei Wolf immer wieder auch real existierende, auf Langeoog lebende Personen eine Rolle. Horst Schmidt von der Inselrösterei zum Beispiel oder der schon erwähnte Michael Recktenwald vom Seekrug. Solche Gastauftritte setzen natürlich das Einverständnis der Betreffenden voraus. In meinem Roman *Juist Married oder: Wohin mit der Schwiegermutter?* tritt Habbo Schwips auf, seines Zeichens Leitender Rettungsschwimmer und Bestatter auf Juist. Bei einem Krimi, der von einer Wasserleiche handelt, der schönen Mary, die wie ein Wanderpokal mal hier, mal da auf der Insel auftaucht, hätte ich mir diese Doppelfunktion nicht besser ausdenken können, vom wohlklingenden Namen ganz abgesehen. Zum Glück haben die meisten Ostfriesen, anders als der Zeitgenosse, dem die *Ostfriesen-Zeitung* eine zu große Plattform einräumte, eben Humor. Wie hieß es in James Krüss' Kinderbuch *Timm Thaler* so richtig: *»Teach me laughter, save my soul!«*

Gott und das Meer

Da wird das Lachen werden teur, wenn alles wird vergehn im Feur«: So heißt es im Kirchenlied *Es ist gewisslich an der Zeit*, das am Ende des Kirchenjahres gesungen wird. Noch aber ist es wohlfeil zu haben, das Lachen. »Der tut nix, der will nur morden«, steht dann etwa in einer Lesungsankündigung. Vor einigen Jahren wurde ich gebeten, zum Abschluss des Krimifestivals *Mord am Hellweg* eine literarische Kanzelrede zum Thema »Krimi und Weltgericht« zu halten. Der Bibelspruch für jenen Tag, den sogenannten Ewigkeitssonntag Ende November, stammte aus dem 2. Korintherbrief und lautete: »Wir müssen alle offenbar werden vor dem Richterstuhl Gottes«; ein Thema für den Herbst, wenn das Jahr dem Ende entgegenstrebt und wir anfangen, Bilanz zu ziehen. Ich nutzte den Anlass der Kanzelrede, um darüber nachzudenken, warum ich, unter anderem, Kriminalromane geschrieben habe, noch dazu satirische oder schwarze Komödien. Mag sein, dass ich dem Familiengeheimnis auf der Spur war und daher diese unbändige Lust verspürte, Tabus zu dekonstruieren oder zumindest lächerlich zu machen. Welch eine Erlösung aber, wenn das, was immer verborgen sein musste, endlich offenbart werden darf. Und wenn man erkennt, dass des Rätsels Lösung keine Tragödie darstellt. »Wir müssen alle offenbar werden«: Das sei es ja, so sagte ich, was uns Autoren zum

Schreiben treibt: das Bedürfnis – so wir nicht gerade reich und berühmt werden wollen –, uns zu offenbaren. Unseren Gefühlen, unseren Sehnsüchten, aber auch unseren Ängsten und unserer Verwundbarkeit Ausdruck zu verleihen. Und, aber das mag utopisch sein, jemanden zu finden, der nicht nur unsere Sichtweise teilt, sondern sogar das versteht, was wir *eigentlich* sagen wollten. Jemanden, der unsere Camouflage durchschaut. Denn ebenso sehr, wie wir uns offenbaren wollen, haben wir ja auch gelernt, uns zu verhüllen, uns zu tarnen und mit Wortgeklingel abzulenken von dem, was immer noch ungesagt bleibt, weil es jenseits der Schmerzgrenze nistet.

Der Tod, so sagte ich damals, unsere Verletzlichkeit, unsere Vergänglichkeit und Schuld sind real. Aber desgleichen ist es auch unsere Liebe. Die Verheißung, auf die wir hoffen. Und auf diese Herrlichkeit hoffe ich – und wenn auch nur als literarische Fantasie – schließlich auch: dass wir vor dem Richterstuhl Gottes, teuer erkauft, mit all seinen Engeln lachen.

Hin und wieder bin ich, die ich schon zweimal in meinem Leben aus der Kirche ausgetreten bin (allerdings auch zweimal wieder eingetreten), ein tiefgläubiger Mensch. Zum Beispiel, wenn ich in einer Kirche sitze und der wunderbaren Kirchenmusik – Johann Sebastian Bachs vor allem – zuhöre. Als ich vor einigen Jahren gebeten wurde, für ein Ausstellungsprojekt einer Hamburger Kirchengemeinde einen Koffer fürs Jenseits zu packen – »Einmal Jenseits und zurück«, so hieß das Projekt –, musste ich über die Frage, was mir so wichtig wäre, dass ich es unbedingt würde mitnehmen wollen auf die letzte große Reise, nicht lange nachdenken. Eigentlich glaube ich ja nicht, dass ich nach meinem Tod noch irgendetwas brauche, aber ich legte, symbolisch, eine leere CD-Hülle zu Johann Sebastian Bachs *Weihnachtsoratorium* in meinen Koffer.

»Wenn ich zu Gott eingehe, zum Allumfassenden, oder ins große Nichts und Nimmermehr«, so schrieb ich dazu, »komme ich mit leeren Händen. Ich werde dann nichts mehr brauchen. Ich bringe nichts als mein Herz.

Es hat mir in meinem Leben gute Dienste geleistet.

Gern hat es und innig geliebt.

Es ging aus und suchte und fand mir Freude.

Es war klug und ließ sich von meinem Verstand nicht beirren.

Und (meistens) habe ich auf seinen Ratschlag gehört.

Es hat mich nie falsch beraten.

Bittere Zeiten gab es, da hab ich es mir bei lebendigem Leib aus der Brust reißen müssen; die dabei waren und mit mir fühlten, wissen, wovon ich spreche. Doch selbst als es blutig zerfetzt im Mülleimer lag, hörte ich noch den Nachhall seiner Stimme in mir.

›Ich bleibe heiter in der Liebe.‹

Und so geschah es dann auch.

Einigen Menschen bin ich etwas schuldig geblieben. Das mögen mir Gott und die, die es angeht, verzeihen.

Doch auch diese Worte, all meine Gefühle, Liebe und Schmerz werden sich ins Nichts auflösen. Vielleicht in Musik? Wär schön, die Engel singen zu hören …«

Ein katholischer Pfarrer entschied sich für das Messgewand, das er bei seiner Amtseinführung getragen hatte und in dem er schließlich vor Gott treten wollte. Eine Frau mochte nicht auf ihr Strickzeug verzichten, gleich zwei Zeitgenossen aber packten jeweils eine Flasche Rotwein ein, als

»Gastgeschenk« der eine, und der andere, um sich beim Warten am Styx, bis der Fährmann käme, die Zeit zu vertreiben.

Solches Augenzwinkern, ein in gewisser Weise verspiel-
ter Glaube, gefällt mir gut. Nur wenn dann ein Pfarrer, eine
Pfarrerin den Mund öffnet, ist es leider meistens vorbei. Als
ich im Tagebuch der englischen Kriminalschriftstellerin
P. D. James, *Zeit der Ehrlichkeit,* las, sie habe seit ihrer frühen Kindheit wenig Freude an den Predigten gehabt, fand ich
dieses Eingeständnis – aus dem Mund einer konservativen
Frau, die im selben Eintrag über ihre »ererbte Liebe zur ang-
likanischen Kirche« schreibt – durchaus erfrischend. James,
die an sich selbst früh die »Gefahr« erkannte, »die Anbe-
tung Gottes mit einer starken, emotionalen und ästhetischen
Reaktion auf Architektur, Musik und Literatur zu verwechseln«, ist dennoch zu der Überzeugung gelangt, »dass Religion eine ästhetische Erfahrung sein sollte und dass man
Gott in der Schönheit alles Heiligen anbeten müsse«.

In ihrer kritischen Selbstreflexion über einen womöglich
nur oberflächlichen, ästhetischen Genuss des religiösen Er-
bes erkannte ich mich bis zu einem gewissen Grad wieder.
Noch tiefer aber, als wenn ich der Kirchenmusik oder den
geliebten alten Texten lausche, fühle ich mich eins mit dem,
was wir nicht benennen können, wenn ich am Meer bin.
Wenn niemand mehr redet, wenn man nicht weiß, ob der
Wind singt oder die Möwen schreien, wenn Wellen und
Meer und Himmel und Sterne ins Schweigen münden. Das
große All und Nimmermehr, Anfang und Ende ebenso wie
Nichtanfang und Nichtende. Vier Buchstaben, Gott, ein
schönes Wort, doch je länger man ein Wort anschaut, desto
ferner, so Alexander Kluge, schaut es zurück. Angesichts des
Gletschers verlieren alle Worte ihre Bedeutung, schrieb einst

Halldór Laxness; am Meer und nicht zuletzt am Strand von Langeoog gilt das auch.

Und das hat das Meer mit Gott gemeinsam: Man kann es nicht beschreiben. Manche können sich annähern, zeichnen Buchstaben in den Sand, aber das Meer ist stärker und löscht mit der nächsten Welle alle Bemühungen aus.

Literatur

ZU LANGEOOG

Frank Bajohr, ›Unser Hotel ist judenfrei‹. Bäder-Antisemitismus im 19. und 20. Jahrhundert, Frankfurt am Main: S. Fischer Verlag 2003

De Flinthörners. Lieder aus dem Repertoire des Langeooger Shanty-Chores, Nr. 1, o. J.; siehe auch https://flinthoerners.de/

Peter Gerdes, Langeooger Dampfer. Inselkrimi, Meßkirch: Gmeiner-Verlag 2020

ders., Langeooger Lügen, Leer: Leda-Verlag 2014; Neuausgabe Meßkirch: Gmeiner-Verlag 2020

Gisela Henning, Ein Leben wie Ebbe und Flut, Oldenburg: Schardt Verlag 2003, S. 18

Helmut Junk, Todesursache: Allgemeine Körperschwäche. Arbeitskommando 7 – sowjetische Kriegsgefangene auf Langeoog 1941/42, Bremische Evangelische Kirche 2005, 3. durchgesehene und ergänzte Auflage Februar 2013

Manon Loock-Braun, Unterwegs auf Langeoog. Naturkundlicher und kulturhistorischer Inselspaziergang, 2. überarb. Auflage, Husum Druck- und Verlagsgesellschaft 2005

Christoph Lowes, Haus Dünenlust. Eine Geschichte von Langeoog, hrsg. v. Norda Westerkamp und Frank Niemeier 2016

<id est André Noltus>, »jan« erzählt. Langeooger Anekdoten, Langeoog Multimedia GmbH 2006

Els Sanders, Wahre Geschichten von Willm Willms aus Willmsfeld, Leer: De Utrooper Verlag 1996 ff

Jan und Birte Weinbecker, Von Weltreisenden, Flugkünstlern und Rolling Stones. Langeooger Vögel im Porträt, Esens: Verlag Enno Söker 2015

Klaus-Peter Wolf, Ostfriesentod, Frankfurt am Main: S. Fischer Verlag 2017

ders., Totentanz am Strand, Frankfurt am Main: S. Fischer Verlag 2018

ders., Ostfriesenhölle, Frankfurt am Main: S. Fischer Verlag 2020

Klaus-Peter Wolf mit Holger Bloem, Mein Ostfriesland, S. Fischer Verlag 2019

https://www.buchmarkt.de/
menschen/klaus-peter-wolf-
geht-erstmals-gegen-
schmaehschrift-vor/
https://blog.ankerherz.de/blog/
Langeoog-ueberraschungseier/

https://Langeoog.wordpress.
com/2008/12/02/das-dritte-reich-
auf-20-quadratkilometern/
https://Langeoog.wordpress.
com/2010/06/16/Langeoog-
hundertprozentig-in-der-nsv/

ZU LALE ANDERSEN

Litta Magnus Andersen, *Lale
Andersen – die Lili Marleen.
Das Lebensbild einer Künstlerin.*
Mit Auszügen aus bisher un-
veröffentlichten Tagebüchern,
München. Universitas Verlag
1981

Gisela Lehrke, *Wie einst Lili Marleen. Das Leben der Lale Andersen*, Berlin: Henschel 2002

ALLGEMEIN

Marguerite Duras, Michelle Porte,
Die Orte der Marguerite Duras.
Aus dem Französischen von
Justus F. Wittkamp, Frankfurt/
Main: Suhrkamp 1982
Annie Ernaux, *Die Jahre.* Aus dem
Französischen von Sonja Finck,
Berlin: Suhrkamp Verlag 2019
Jonathan Balcombe, *Was Fische
wissen.* Übersetzt von Tobias
Rothenbücher, Hamburg:
mareverlag 2018
J. Hamilton-Paterson, *Drei Meilen
tief.* Aus dem Englischen von
Wolfgang Krege, Stuttgart:
Klett-Cotta 1998
Judyth Hill, *Dazzling Wobble,*
Future Cycle Press 2013
P. D. James, *Zeit der Ehrlichkeit.*
Aus dem Englischen übersetzt
von Sigrid Langhaeuser, Mün-
chen: Droemer 2001
James Krüss, *Timm Thaler oder*
Das verkaufte Lachen, Hamburg:
Oetinger 1962
Hans Leip, *Jan Himp und die kleine
Brise*, Fischer Bücherei 1952
Lindbergh, Anne Morrow,
Muscheln in meiner Hand.
Üb. von Maria Wolff u. Peter
Stadelmayer, München: dtv 1962
Michael Pye, *The Edge of the
World. How the North Sea Made
Us Who We Are*, London:
Penguin Books 2015
Hilke Rosenboom: *Wie finde ich
den Juister Strand?*, in: *Mein
Juist. Geschichten von Juist-Lieb-
habern*, Verlag Alt-Juist 2004
Claudia Rusch, *Mein Rügen*,
Hamburg: mareverlag 2010
Hans Conrad Zander, *Joachim, mir
graut's vor dir! Von der unwider-
stehlichen Komik der Religion*,
Köln: Kiepenheuer & Witsch
2004

Schriftstellerin gegen das Vergessen: Johanna Moosdorf, in: Inge Stephan, Regula Venske, Sigrid Weigel, *Frauenliteratur ohne Tradition? Neun Autorinnenporträts*, Frankfurt am Main: Fischer Taschenbuchverlag 1987

Mannsbilder – Männerbilder. Konstruktion und Kritik des Männlichen in zeitgenössischer deutschsprachiger Literatur von Frauen, Hildesheim: Olms Verlag 1988

Fluß ohne Ufer. Sieben Wunden. Vier Versuche, in: Frauke Hamann u. Regula Venske (Hrsg.), *Weiberjahnn. Eine Polemik zu Hans Henny Jahnn*, Hamburg: EVA 1994

Selbstauskunft, in Merian-Heft Hamburg, 9/September 1998, S. 88

Mord im Gazellenkamp. Schwarze Hefte vom Hamburger Abendblatt, hrsg. v. Volker Albers, Hamburg 1999

Herzschlag auf Maiglöckchensauce, Bern: Scherz Verlag 2002

Lale und der goldene Brief, Hildesheim: Gerstenberg Verlag 2003; eBook-Ausgabe bei dotbooks, November 2016

Dangaster Rüblischwur, in: *Fiese Friesen. Kriminelles zwischen Deich und Meer*, hrsg. v. Peter Gerdes, Leer: Leda-Verlag 2005

Küsse in der Endlosschleife, in: *Mein Song. Texte zum Soundtrack des Lebens*, hrsg. v. Steffen Radlmeier, Cadolzburg: Ars Vivendi Verlag 2005

Ich bin im Wasser zu Hause, in: *Vokabelkrieger*, Künstlerbuchzeitschrift, hrsg. v. Kunst:Raum Sylt-Quelle und dem Hybriden-Verlag, Berlin 2006

Langeooger Seelenfrieden, in: *Inselkrimis. Kriminelles zwischen Strand und Düne*, hrsg. v. Peter Gerdes, Leer: Leda-Verlag 2006

Juist married oder: Wohin mit der Schwiegermutter?, Leer: Leda-Verlag 2007

Und unsereiner zieht den Bollerwagen oder: Schnee am Strandabschnitt E, Strandkorbkrimi 1, Leer: Leda-Verlag 2007

Nachruf auf Hilke Rosenboom, in: Strandlooper Juist, Weihnachten/Jahreswechsel 2010/2011, hrsg. v. Strandlooper UG, 2. Jg. Nr. 8, Dezember 2010

The Mystery of Regional Identity, in: Index on Censorship Vol. 43 No 02, London, 2014

Dank

Mein herzlicher Dank geht an alle lieben Mitmenschen nah und fern, die mich beim Schreiben dieses Buches inspiriert und unterstützt und mir wertvolle Anregungen und Informationen gegeben haben. Manche Namen sind im Text genannt, manche im Literaturverzeichnis zu finden. Die anderen wissen, dass ich auch ihnen zu Dank verpflichtet bin. Etwaige Missverständnisse und Irrtümer bitte ich zu entschuldigen.

Hamburg, Neujahr 2021
Regula Venske

Nachspiel auf …

Auf nach Palawan!

NORDSEE

Oststrand

Strandhalle

Kavalierpad

Haus der In

Kurstraße

Barl

Weststrand

Treffpunkt Dünensingen

Buchhandlung Krebs

Wasserturm

Lale-Andersen-
Denkmal

Inselgoldschmiede
& Schmuggelkiste

Fokko Gerdes

Heimatmuseum
Seemannshus

Böttcher Huus

»Ulli's Kiosk«

Infohaus
Altes Wasserwerk

Blumenhaus Peters

St. Nikolaus Kirche

Friesenstraße

Kirchstraße

Süderdünenring

Süderd

Süderdünen

Am Wald

Ringschlot

Störtebekerstraße